LA GUYANE INCONNUE

VOYAGE

A L'INTÉRIEUR DE LA GUYANE FRANÇAISE

PAR

ALBERT BORDEAUX

PARIS

LIBRAIRIE PLON

PLON-NOURRIT et Cⁱᵉ, IMPRIMEURS-ÉDITEURS

8, RUE GARANCIÈRE — 6ᶜ

1906

Tous droits réservés

GUYANE INCONNUE

LA
GUYANE INCONNUE

VOYAGE
A L'INTÉRIEUR DE LA GUYANE FRANÇAISE

PAR

ALBERT BORDEAUX

PARIS

LIBRAIRIE PLON

PLON-NOURRIT ET Cie, IMPRIMEURS-ÉDITEURS

8, RUE GARANCIÈRE — 6[e]

1906

A SULLY-L'ADMIRAL

Vous avez été mon guide dans ce voyage en
Guyane, dont le but était de vérifier la richesse
en or de divers cours d'eau situés à plus de
200 kilomètres des côtes, à vol d'oiseau, et
de les prospecter en vue de leur avenir. La
courte durée de quatre mois imposée à ma mission ne m'aurait pas permis sans vous de réaliser ce but, tandis qu'avec vous le voyage a été
aussi agréable que facile. Je pourrais presque
dire que je ne me suis pas douté des difficultés;
vous m'avez fait profiter d'avantages exceptionnels.

J'emporte une impression extrêmement vive
de ce passage rapide à travers votre pays. En
deux mois, nous avons remonté en canot jusque
près d'une des sources de l'Approuague, parcouru à pied à travers la forêt quelques cen-

taines de kilomètres, puis nous sommes redescendus à la côte par la rivière Mana. C'était la première fois que je parcourais à loisir un pays tropical, un de ces pays où l'atmosphère chargée de vapeur d'eau amortit les rayons solaires, et pénètre tout l'être d'une chaleur moite, comme l'atmosphère d'une serre ou d'une salle de bains russes. Mais il y a ici l'incomparable avantage de jouir de l'air libre, saturé de senteurs; d'entendre les infinis frémissements de la forêt; de voir dans leur libre développement toutes les variétés de la flore et de la faune les plus puissantes du monde. La Guyane tout entière, c'est la forêt vierge tropicale, c'est un enchantement pour celui qui ne l'a jamais vue; elle a tout l'attrait du mystère inconnu à découvrir.

Auparavant, j'avais bien parcouru le Mozambique et la Rhodésie. Mais on traverse le Mozambique trop rapidement, en chemin de fer, et les hauts plateaux rhodésiens n'ont pas le caractère tropical des pays chauds et humides. Je vous dois donc de m'avoir fait saisir, sans les soucis du voyage, la beauté des tropiques, et je voudrais pouvoir rendre l'impression que j'en ai ressentie, non seulement pour ceux qui, en France, ne peuvent la connaître que par les livres, mais même pour beaucoup de Guyanais qui ont trop peu l'occasion ou le désir de connaître leur pays.

N'ai-je pas raison d'intituler ce récit : *la Guyane inconnue?*

Albert Bordeaux.

LA
GUYANE INCONNUE

CHAPITRE PREMIER

PREMIÈRES IMPRESSIONS

La durée du voyage, de Saint-Nazaire en Guyane, n'est pas aussi courte qu'on pourrait le croire à la seule inspection de la carte. S'il faut huit jours du Havre à New-York, il semble qu'en douze jours, on devrait accoster la Guyane. Or, il faut vingt et un jours. C'est que le grand courrier ne dessert Cayenne qu'indirectement. Après avoir touché la Guadeloupe et la Martinique, il file sur le Venezuela, puis sur l'isthme de Panama et Colon. C'est un paquebot-annexe qui prend les passagers à la Martinique et les transporte à Cayenne par les Antilles anglaises et les Guyanes anglaise et hollandaise. Une fois seulement par an, il y a un service direct de France en Guyane, c'est lorsque le paquebot de l'Etat, *la Loire*, transporte les condamnés à la déportation. A l'aller, il prend difficilement des passagers; au retour, il paraît qu'il est toujours rempli. C'est un paquebot très confortable et qui fait le trajet en dix à onze jours; il est *tentant*.

Je partis de Saint-Nazaire sur le *Versailles*, un excellent bateau construit en Angleterre pour le service transatlantique du Lloyd allemand. Il fut vendu lorsqu'on fit les immenses bateaux actuels, le *Deutschland*, etc.

Nous eûmes d'abord quelques mauvaises journées, jusqu'au delà des Açores; c'était en janvier et le vent soufflait furieusement. Les passagers paraissaient peu. J'étais accompagné par Sully-L'Admiral, Guyanais de vieille souche, originaire de la Guadeloupe, et d'ancêtres bretons. De solide constitution, et de vive intelligence, ancien chasseur d'Afrique, depuis sa jeunesse il était aguerri au climat tropical de l'intérieur guyanais et brésilien. Jeune et gai, il fut, dès le bateau, plein de ressources pour amuser les passagers et leur faire passer le temps sans s'ennuyer.

Parmi les autres passagers, je rencontrai un ingénieur, M. Moufflet qui, après neuf ans au Soudan, retournait en Guyane à sa mine de Saint-Elie qu'il avait longtemps dirigée autrefois. Son énergie et ses capacités l'y faisaient revenir malgré ses soixante ans bien sonnés. On voit que les climats tropicaux conservent fort bien la santé et l'entrain du caractère, seulement il ne faut jamais se décourager. Nos climats froids et humides ont bien leurs inconvénients, mais nous les connaissons. M. Moufflet savait se tirer d'affaire également bien dans le **froid et la chaleur,**

Après les Açores, le voyage s'égaya. Tandis que Sully-L'Admiral amusait les passagers, les dames surtout, avec un infatigable zonophone, je ne perdais pas mon temps avec M. Moufflet, car il me décrivait déjà la Guyane dans des détails tels, me disais-je, que je n'aurais pas le temps d'en voir autant. Cela me servit pour mieux la comprendre dans la suite.

Le dernier port que devait toucher le *Versailles* était Fort-de-France, après avoir passé devant Saint-Pierre, de cataclysmique mémoire. A Saint-Pierre, il était huit heures du soir; la nuit était noire et je ne vis rien. Pourtant les passagers nous avaient bourrés de détails sur la catastrophe, ils s'étaient même disputés sur les rapports entre la destruction de Saint-Pierre et celle de Pompéi : l'un ou l'autre avait vu Herculanum et Pompéi. Les détails fourmillaient, quel dommage de ne rien voir!

J'étais accoudé aux bastingages, par la nuit sombre, devant l'ombre noire de la Montagne Pelée, écoutant la description que m'en faisait un ancien chanoine de Saint-Pierre, un méridional, je crois, encore ému d'avoir échappé, par son absence, au cataclysme : « Ici, c'était mon église, disait-il; là, le théâtre. Cette pointe, c'est le Carbet... La population était excellente... Ah, monsieur, c'est le plus beau pays de la terre. » On eût dit qu'il voyait ce qu'il décrivait; il voyait parce qu'il savait, car pour moi, je ne distinguais rien. Mais un confrère l'interrompt : « Ah non, mon cher confrère, la Domi-

nique est bien plus belle! » Et j'admire celui-ci **qui**
s'extasie sur la Dominique : il y est depuis quatorze
ans, et il est usé par la fièvre et l'anémie. Comment
peut-il la préférer à sa Bretagne, où il vient d'essayer de se remettre par quelques mois de vacances?
Il a une bien belle âme; et dire qu'on chasse de
France les religieux! « Pour moi, leur dis-je, je
crois la Savoie plus belle que la Dominique et la
Martinique. » Ils rient, mais ne se rendent pas. Et
vraiment je suis bien hardi de les contredire; je
ne connais rien de ces pays tropicaux, la nature y
est vierge encore, et chez nous, en Suisse, même
en Savoie, n'est-elle pas bien défigurée déjà par le
confort, inventé pour gagner de l'argent?

Un des faits les plus navrants de Saint-Pierre
fut de trouver sous les décombres de l'église, à la
place de la table sainte, une rangée de corps, ceux
des personnes qui venaient communier. Il était huit
heures du matin. Bien des victimes furent retrouvées
dans la position la plus tranquille, caractéristique
de leur occupation habituelle, comme à Pompéi.
Bien que Pline n'en dise rien (son récit fut écrit
vingt ans après la catastrophe), il dut se produire
à Pompéi le même vent de feu qu'à Saint-Pierre,
et qui anéantit trente mille êtres humains.

On avait vu la veille les flots de la mer se précipiter dans un gouffre sur le rivage, et l'on devait
s'attendre à la catastrophe qui en résulterait, c'est-
à-dire à la production de masses énormes de vapeur
d'eau, capables ou de soulever le sol, ou de sortir
en torrents de feu. Mais on avait négligé l'avertis-

sement, ou plutôt il y avait lutte électorale et l'on avait décidé de faire l'élection : le volcan attendrait. Quelle ironie!

Il y eut un violent raz de marée qui faillit envahir Fort-de-France; cette ville s'attend un jour ou l'autre à être victime d'un raz de marée. Une autre ville à la Guadeloupe, la Basse-Terre, est menacée par son volcan plus encore que Saint-Pierre. Mais à Saint-Pierre même, on vient déjà relever les cultures, sinon les maisons : il faut bien vivre, la nécessité presse tandis que le danger est douteux!

Le bateau-annexe *la Ville-de-Tanger* nous prend à Fort-de-France. C'est un rouleur insupportable, quand même la mer est calme; aussi fait-il regretter le *Versailles*. Nous descendons une heure ou deux à Sainte-Lucie, île anglaise où l'on parle créole. On nous montre la place sur laquelle on avait logé, ou plutôt parqué deux mille Boërs prisonniers de guerre; la végétation est superbe sur les collines de l'île, autour de la baie parsemée de jolies villas : les Anglais ont le sens du confort, parce qu'ils ont celui de l'argent, ou inversement.

Nous ne cessons de rouler qu'en arrivant sur les côtes de la Trinité. On pénètre dans un passage étroit et pittoresque, un détroit entre de hauts rochers abrupts peuplés de grands oiseaux, et aussitôt la mer est calme comme un lac. Nous suivons les rives jusqu'à Port-of-Spain, la capitale de l'île, une ville pourvue de tout, confortablement, comme il sied à une ville anglaise pleine de *respectability*. Nous en repartons pour suivre de nouveau

des côtes enchanteresses sous leurs forêts de coco-
tiers : le pays vraiment de Paul et Virginie. Là derrière on exploite lucrativement un lac de bitume
connu des ingénieurs.

Nous entrevoyons au loin les côtes du Venezuela
et les bouches de l'Orénoque, la terre ferme, cette
fois, la roche solide, sans volcans ni bitume; la
nature vierge va commencer. C'est ensuite la
Guyane anglaise : la côte est basse, et autour de la
rivière Demerara où nous entrons, la végétation ne
me paraît plus si merveilleuse que sur les côtes peu
habitées de la Trinité. La civilisation a passé par
là, si peu que ce soit.

A Demerari, ou Georgetown, nous sommes mis
en quarantaine; ou plutôt, c'est nous qui refusons
d'admettre personne sur le bateau et d'en descendre,
car il paraît que si nous avions le malheur de descendre à terre, on refuserait de nous laisser descendre à Surinam et à Cayenne. C'est dommage;
de la rivière où nous sommes ancrés, on ne distingue que des pontons et des quais de bois. Pourtant, dans une échappée entre des hangars, j'aperçois une rue en enfilade : ce sont de jolies maisons
blanches bordées de palmiers et de grands arbres.
Un tramway électrique file rapidement dans la rue,
et rappelle l'idée du confort moderne. La ville paraît
riche : on distingue de belles promenades, de
superbes jardins, les ressources sont aussi variées
qu'à la Trinité, à Port-of-Spain. L'intérieur du
pays produit chaque année pour deux à trois cent
mille francs de diamants qu'on exporte aux Etats-

Unis. La formation diamantifère paraît être la même qu'au Brésil.

Pour arriver à Surinam, ou Paramaribo, capitale de la Guyane hollandaise, il nous faut reprendre la mer une vingtaine d'heures, puis remonter une rivière pendant deux à trois heures. La position de l'embouchure de la rivière est indiquée en mer par un bateau-feu; il n'y a pas de phare. Ce bateau-feu est agité comme une coquille de noix : il oscille dans tous les sens sans aucune loi, au gré des vents et des lames; c'est un genre de supplice plus rare et plus pénible que le roulis de la *Ville-de-Tanger*, et pourtant toute une famille, avec des bébés, habite cette coquille de noix. Si l'on soumettait chez nous des forçats à cette corvée, il n'y a pas de doute qu'on recevrait de toute espèce de journaux humanitaires des plaintes à la Jean-Jacques Rousseau, empreintes d'hypocrite sensiblerie. Car tandis qu'on a l'œil sec pour mettre à la porte des hôpitaux, des écoles, et de leurs demeures même, des religieux et même des femmes, on ne peut retenir ses larmes en parlant des forçats qui balayent les rues de Cayenne. Mais attendons de les avoir vus : il est juste de pleurer sur les forçats en tant que coupables.

A Surinam, pour prendre contact avec la terre et avoir quelques nouvelles, je vais déjeuner à l'hôtel International, une baraque en bois assez propre, avec de grandes chambres bien aérées, abritée par les palmiers de la plus belle avenue de la ville : le marché s'y tient en ce moment.

J'apprends — tout en attendant un déjeuner difficile à obtenir, car ce n'est pas l'heure — que le gouvernement hollandais, plus prompt que le nôtre, a décidé la construction d'un chemin de fer de 250 kilomètres pour relier à Surinam les régions aurifères jusqu'à celle de l'Awa. Le tracé est fait, le matériel est en route, on a commencé la voie. Ceci m'intéresse vivement, car depuis que je suis en route, on me rebat les oreilles du chemin de fer de la Guyane française proposé depuis huit ans, sans cesse retardé, et que peut-être on fera trop tard, quand le trafic aura été pris en grande partie par le chemin de fer hollandais qui aboutit à peu de distance du terminus visé par le projet français. Les Hollandais de l'hôtel ont des parents chez les Boërs de l'Afrique du Sud, et cela donne un nouvel intérêt à notre conversation.

Avec la question du chemin de fer, la première qui s'impose à l'attention de ceux qui arrivent en vue de la Guyane française, c'est celle des forçats.

Déjà avant d'arriver, nous pouvons avoir une petite idée, *de visu*, du régime pénitentiaire. Nous passons en effet aux îles du Salut pour y déposer la poste. Depuis longtemps la sirène nous a annoncés, le commandant du bateau est talonné par l'heure de la marée pour pouvoir franchir la barre du port de Cayenne. Il y a trois jours qu'il manœuvre dans ce but d'arriver à Cayenne au jour fixé, pour l'heure de la marée. Mais l'administration pénitentiaire n'en a cure; peu lui chaut! C'est une administration officielle; elle ne connaît pas la hâte. La *Ville-de-Tanger* s'arrête, elle siffle, la sirène pousse de longs hurlements, tout le monde est furieux. Lentement un canot se détache du rivage, il est manœuvré par sept forçats, six aux rames, un au gouvernail. Deux fonctionnaires trônent nonchalamment sur le banc d'arrière. Mais cette pompe n'en impose pas à notre commandant. Il leur flanque à la tête le sac des dépêches, leur crie en mots grondants les reproches qu'il tient tout prêts depuis longtemps, et siffle le signal du départ. La *Ville-de-Tanger* s'ébranle sans se soucier de heurter le canot officiel déjà secoué par les vagues, et où les fonctionnaires penauds ont peine à garder leur équilibre. C'est drôle de voir ainsi traiter l'administration que le bon public français n'aborde jamais que l'air craintif et même ébaubi.

Nous admirons cependant ces îles du Salut, toutes vertes, avec leurs beaux palmiers. Il y a trois îles formant un port : l'île Royale, l'île Saint-Joseph, et l'île du Diable. Dirait-on que c'est l'île du Diable, ce petit paradis terrestre? Ce serait le digne séjour de Paul et Virginie. Voici la case de Dreyfus, plus belle que celle de l'oncle Tom : on s'attendait plutôt à voir un rocher aride et nu, à en croire ceux qui n'ont jamais vu les îles du Salut. Toute voisine, l'île Royale possède un vaste hôpital tenu par des religieuses pour les forçats : ce sont *elles* qui travaillent ici. Enfin l'île Saint-Joseph est habitée par les forçats de la catégorie la plus dangereuse. On entend ainsi ceux qui refusent de travailler. Mais le refus de travailler, lorsqu'il n'y a aucun moyen de coercition, ne semble pas indiquer un état d'âme particulièrement dangereux. Si l'on classait les forçats d'après leurs antécédents ou la cause de leur condamnation, le résultat serait peut-être plus concluant. Il est vrai que l'oisiveté est la mère de tous les vices, et c'est un argument. Nous allons bientôt voir un séjour qui contraste avec la verdoyante île du Diable.

A deux ou trois heures de distance des îles du Salut, voici un îlot, un rocher qui sort de la mer comme le dos d'un cétacé, mais ce dos est surmonté d'un bâti en bois portant un phare et d'un mât avec un drapeau : une maison minuscule se blottit sous le phare. C'est *l'Enfant-Perdu*, le rocher balayé des vagues qui porte le phare de Cayenne. Le séjour y semble peu réjouissant; il y a pourtant plus de stabilité que sur le bateau-feu de Surinam. Ici les gardiens du feu sont des forçats, on les relaie tous les mois. Ce poste est une punition; ils y vivent séparés de leurs semblables. Je ne vois pas pourquoi on les plaindrait : le bateau-feu de Surinam n'est pas une punition.

L'Enfant-Perdu mérite bien son nom, ce nom à l'air romantique. Les créoles des Antilles ont gardé le goût du romanesque et du suranné dans leurs dénominations; nous le verrons pour leurs prénoms. L'un ou l'autre parfois, de ces vieilles familles antillaises, a même conservé le type du Français du moyen âge. Je disais à l'un de ceux-là sur le bateau : « Vous seriez parfait, costumé en mignon d'Henri III. » La barbe en pointe, les cheveux en

arrière, sans être longs, l'ovale allongé, le regard
qu'on voit aux portraits du duc de Guise, ou de
Bussy d'Amboise, il vous reportait de quelques
siècles en arrière.

Enfin la côte de Cayenne se déroule devant nos
yeux : cette côte est extrêmement pittoresque, beaucoup plus que celles des Guyanes anglaise et hollandaise. Ce ne sont plus des rives basses et d'aspect marécageux, mais des collines accidentées couvertes d'arbres. La ville de Cayenne nous est cachée
presque entièrement par la plus petite de ces
collines, sur laquelle se trouve un fort, le fort
Cépérou : on voit encore quelques canons, mais la
plupart ont été emportés à Fort-de-France, qui a
été choisi pour devenir notre centre naval dans la
mer des Antilles. De la ville de Cayenne on ne distingue que le grand bâtiment de l'hôpital dont les
jardins donnent sur la mer, et les anciennes
casernes, au pied du fort *Cépérou*. Au delà, ce ne
sont que des cimes de palmiers agités par le vent.
L'impression est vraiment agréable. Dès l'abord,
on se demande pourquoi l'on a choisi ce joli pays
pour y envoyer les forçats. La raison, se dit-on
avec conviction, c'est que le climat est malsain : il y
a la fièvre paludéenne, et certaines années, la fièvre
jaune. Nous aurons le temps d'en juger par nous-
mêmes.

Nous franchissons la barre au dernier moment
où elle est possible, grâce au retard subi aux îles
du Salut, et le bateau jette l'ancre dans la rivière,
en face des Douanes, devant un wharf en bois déjà

vieux, mais dont il semble qu'on n'a jamais pu se servir.

Cayenne est à notre gauche, à l'est. A droite, c'est la pointe *Macouria* qui s'avance au loin dans la mer, suffisante pour abriter des vents d'ouest. Le bateau est arrivé exactement au jour fixé par les indicateurs, ni plus ni moins qu'un train-poste européen. Nous sommes au 29 janvier, mais tandis qu'en France il fait froid, ici le soleil est ardent. La brise de mer a cessé; tout le monde est en blanc et en casque colonial. Des canots viennent nous prendre pour aller à terre. Les rameurs crient et se démènent, à demi vêtus : il y a là des noirs, des coolies de l'Inde, puis surtout des métis de toutes les teintes. Les noirs sont originaires d'Afrique. Les Indiens autochtones ou Peaux-Rouges sont très rares sur la côte; il faut aller tout à fait dans l'intérieur pour en trouver encore quelques tribus. C'est en vain qu'on en cherche parmi ces peaux cuivrées, basanées, chocolat, grisâtres, jaunâtres, noirâtres. Il faut une bonne heure pour se dépêtrer avec ses bagages au milieu de ce fouillis de gens, de ce tumulte de cris d'appel, de cris de joie de se retrouver. Les créoles surtout m'ont paru être fort portés aux embrassements; c'est un plaisir visible pour eux, exubérance due au soleil.

On peut dire que tout le monde ici est créole, et non pas, comme on pourrait le croire, les blancs de race pure, descendants des anciens colons. Quant à nous autres Français, on nous appelle des Européens. Il faut bien se garder de la moindre erreur dans les termes. Les créoles sont la race dominante; les Européens ne font que passer. Les plus apparentes traces de leur passage sont justement les créoles, car la Guyane est restée à l'état de forêt vierge. Il y a bien vingt-cinq mille créoles, la plupart nés en Guyane, et l'on ne peut qu'être étonné qu'avec le triste cadeau de forçats que nous faisons à cette terre depuis soixante ans et plus, la race y possède tant de qualités réelles, ce qui ne veut pas dire qu'elle soit sans défauts. Mais nous la verrons à l'œuvre.

En attendant, je n'ai guère le temps d'étudier Cayenne à ce premier séjour. Je vais en effet repartir le surlendemain de mon arrivée pour aller visiter des placers aurifères à grande distance dans l'intérieur du pays. Il n'y a pas de bons hôtels à Cayenne, mais on a mis à ma disposition une des plus belles maisons de la ville, et pour mes repas, je dois les prendre chez Sully-L'Admiral, qui est un des hommes les plus en vue du pays, par la connaissance approfondie qu'il en a. Il sait être en outre un fin gourmet, ce qui ne gâte rien. Je n'ai donc vu de Cayenne cette fois que des rues régulières de ville américaine, et une belle place, la place des Palmistes.

CHAPITRE II

EN VOILIER

Donc, à peine arrivés à Cayenne, nous nous préparons à en repartir.

Nous allons voir de près la beauté de la nature tropicale, dont les environs de Cayenne donnent déjà une idée. Car la forêt vierge commence au sortir de Cayenne. Or, nous devons remonter en canot une rivière sur près de 200 kilomètres de son cours, traverser des chaînes de collines, visiter des ravins, des vallons dont bien peu d'Européens, même de Guyanais, se font une idée. Ce voyage est fascinant. Il a l'attrait du nouveau, autant que l'avenir inconnu : l'inconnu dans le monde et l'inconnu dans le temps, tiennent la pensée captive, surtout quand on est jeune. C'est lorsque la vieillesse arrive que les souvenirs prennent leur valeur.

Le programme est tracé : une goélette nous attend dans le port; des pagayeurs avec leurs canots ont été avertis de notre arrivée prochaine près de l'embouchure du fleuve Approuague. Nous n'avons que deux mois pour parcourir l'intérieur du pays; ce serait impossible sans Sully-L'Admiral,

Notre voilier s’appelle la *Paulette* : elle passe
pour être la goélette la plus confortable et la plus
rapide de la Guyane. Construite à Nantes, elle est
vraiment coquette, et elle a la chance d’avoir un
capitaine qui est, comme qui dirait, amoureux
d’elle. C’est un créole français, un marin dans le
sang; il parle anglais et commande en anglais, et il
sait se faire obéir. On l’appelle le capitaine *Boot*.
Il tient son *schooner* avec une propreté recherchée;
son équipage bien dans la main, il manœuvre avec
autant de sûreté que d’audace. Jamais un cri, tout
marche sans qu’il semble s’occuper de rien. Ce sera
le plaisir de notre traversée.

Ce petit bateau a quatorze couchettes, il ne jauge
guère que cent cinquante tonneaux, et me rappelle
le *Storge* dans la mer du Japon. Celui-là aussi
était comme un joujou dans la main de son capitaine; en plus de la *Paulette*, il avait un moteur à
vapeur, et ce système, utilisable à volonté sur un
voilier, serait fort commode sur les côtes de
Guyane, où l’on a souvent le vent contraire, car il
souffle surtout de l’est et du nord-ouest.

Nous partons à cinq heures du soir. A six heures
et demie, nous perdons de vue les côtes, même les
trois petits îlots qu’on appelle ici *le Père*, *la Mère*,
et *les Mamelles*.

Le vent jusqu’ici était frais, mais voici que brusquement il se met à souffler avec violence, et la
Paulette donne du nez dans les grosses vagues.
Nous avons largué plusieurs voiles, et cependant
nous filons grand train, Il est nuit, et les secousses

plutôt dures que nous subissons font que je vais m'étendre avec plaisir dans ma cabine, où je m'endors, après avoir pris le costume créole.

Ce qui me réveille bientôt, c'est la cessation des secousses; il est minuit, je vais voir le temps qu'il fait. La nuit est noire, mais j'y vois assez pour distinguer que nous ne sommes plus en mer; déjà nous avons franchi l'embouchure du fleuve Approuague, et nous le remontons contre le courant, grâce au vent et à la marée.

Le costume créole que j'ai, la mauresque, composée d'un pantalon flottant et d'une veste non moins flottante, est idéal dans les tropiques, pour le jour et pour la nuit. Sully-L'Admiral a emporté une douzaine de ces costumes, et c'est toute notre garde-robe. Ces mauresques sont en toile de Vichy, à carreaux ou à rayures écossaises de toutes nuances, du rose tendre au bleu de ciel, des teintes assorties à la douceur du climat et de la nature. La pluie les perce, mais elle est chaude, et l'on est si vite changé. La chaleur ne les traverse pas, car l'air circule au travers. Le costume rappelle Arlequin ou Polichinelle, mais il est si commode! Sully-L'Admiral a trouvé le costume guyanais, et je m'apercevrai de plus en plus de son sens pratique; il faut son expérience de la Guyane et du Brésil pour entreprendre le voyage que nous allons faire, dans des conditions de confort que tout autre eût dédaignées. Exemple : nous ne partons pas seuls en expédition dans l'intérieur : nous emmenons un médecin. C'est une femme, créole elle aussi, avec des traits réguliers : l'embonpoint la menace, mais justement la marche lui fera un excellent dérivatif. Emma, c'est son nom, accompagnait Sully au Brésil; elle a passé des années au fameux *Carsewène*, où l'on a fait tant d'or, mais pendant si peu de temps. Avec elle, ni la fièvre, ni les coups de soleil, ni les serpents ne sont à craindre, et enfin elle fait la cuisine. Confort et sécurité, voilà un voyage bien compris.

Les remèdes indigènes sont lents, mais sûrs. Inventés par des gens du pays, pour des affections et des accidents du pays et du climat, ils ont plus de chances d'être efficaces que certaines drogues inventées au loin et débitées à coups de réclame.

Cependant il est minuit, et mes compagnons dorment. Je retourne à ma couchette. Il y a bien quelques cancrelas, mais c'est inévitable sur un bateau; d'ailleurs ils s'enfuient, et je me rendors jusqu'au jour.

A quatre heures du matin, poussés par une brise légère, nous passons devant l'ancien village de Guizambourg, ayant remonté 30 kilomètres environ depuis l'embouchure de l'Approuague. Il y a une quarantaine d'années, Guizambourg avait des cultures de canne à sucre très prospères et une fabrique de rhum. Le climat y était très sain, bien que la zone cultivée fût au niveau de la mer, et même un peu plus basse, grâce à un système de digues établi par l'ingénieur Guizan. Mais depuis la découverte de l'or vers les sources de l'Approuague, tout a été négligé : les digues n'ont pas été entretenues, l'eau s'est infiltrée partout et a rendu la localité marécageuse et malsaine. Le fondateur de cette colonie, qui s'était donné tant de peine, ne la reconnaîtrait plus. Il paraît qu'il en est de même des anciennes colonies fondées par les jésuites, qui étaient étendues et prospères, et nous verrons qu'il en est encore ainsi de l'ancienne colonie des religieuses de Mana. L'or est un peu cause de tout cela, mais aussi la maladresse administrative après l'émancipation des esclaves, car les Guyanes anglaise et hollandaise ont bien su s'en tirer.

La brise tombe de plus en plus, nous n'avançons presque pas. Cependant voici que nous rejoignons une goélette partie de Cayenne vingt-quatre heures avant nous, mais elle a subi un coup de vent si violent, la veille de notre départ, qu'elle a dû chercher un abri sur la côte, en face des trois îlots que nous avions vus au sortir de Cayenne. Ce petit voilier a marché une quinzaine d'heures de plus que nous, et voici que la supériorité de vitesse de la *Paulette* et l'habileté de son capitaine se trouvent démontrées.

A deux heures après midi, nous sommes accostés par deux Européens (c'est-à-dire deux Français) dans une pirogue. Cette pirogue est si petite que l'un d'eux, en montant sur la *Paulette*, détruit l'équilibre; elle bascule et son camarade tombe à l'eau, perdant son chapeau que le courant entraîne. Nous le repêchons sans chapeau, et il reste au soleil, tête nue, pour se sécher sur le pont de la *Paulette*.

C'est Emma, paraît-il, qui l'a si bien guéri au Brésil des coups de soleil qu'il ne les craint plus. Lui et son camarade ont passé quelque temps dans le contesté franco-brésilien, au Carsewène où ils ont connu Sully. En Guyane ils s'occupent maintenant de l'exploitation d'un placer sur l'Approuague, qui leur donne plusieurs kilos d'or chaque mois, et d'une plantation de cacao, au point même où nous sommes en ce moment. Ils nous invitent à la visiter le lendemain.

Vers trois heures, la *Paulette* jette l'ancre en face du débarcadère servant aux magasins des placers que nous devons visiter. Ici finit la navigation à voiles et commence celle des pirogues. Un débarcadère s'appelle en créole, un *dégrad*. Ce mot provient peut-être de ce qu'on a dégradé la terre en cet endroit pour faciliter le débarquement, la berge étant trop haute auparavant. Le chef magasinier a le type chinois; il est fils, en effet, d'un Chinois et d'une créole, et s'appelle Chou-Meng. Il s'est installé avec sa femme et deux enfants en bas âge dans une hutte en lamelles de bois, confortable pour le pays, et nous en offre une pareille avec deux lits en fer. Ces huttes à jour laissent passer l'air et les vents, seules sources de fraîcheur. La salle à manger est à part, c'est un kiosque ouvert de tous côtés, garanti seulement de la pluie et du soleil par un toit de feuilles sèches. Partout les grands arbres nous entourent, et couvrent tout le sol de leur ombre; malheureusement les promenades sont impossibles sous ces ombrages, le sol est marécageux en cette saison des pluies, et l’endroit a été choisi justement parce qu’il forme en tout temps un îlot sur ces bords de l’Approuague.

Nous passons le reste de la journée à débarquer nos provisions, et Chou-Meng envoie chercher nos pagayeurs. Deux canots sont préparés pour nous : le milieu a été recouvert, comme pour les grands chefs noirs créoles, d’un *pomakary*. C’est un abri formé de lianes en arceaux recouvertes de feuilles de palmier, qui protège du soleil et de la pluie. Mais cet abri est bien bas, on ne peut s’établir au-dessous qu’assis ou étendu : on dirait des gondoles vénitiennes pour pays sauvages. Si ce n’était qu’à la longue les pluies torrentielles, bien que tièdes, peuvent finir par donner la fièvre, j’aimerais autant les recevoir que d’être enfermé sous un *pomakary*. Nous sommes en pleine saison des pluies; elle dure sept à huit mois en Guyane, de décembre à juillet ou août. Plusieurs fois par jour, il faut s’attendre à des averses tropicales; parfois la nuit entière elles durent; le jour, elles sont suivies d’éclaircies où le soleil darde avec violence, ajoutant encore sa réverbération sur la rivière. Un parasol ne suffit pas toujours pour abriter de cette réverbération les gens qui n’y sont pas habitués, mais un *pomakary* pare à tout, de sorte qu’on ne peut qu’être satisfait, en somme, de recevoir cet honneur, réservé à des chefs créoles qui s’en passeraient mieux que nous.

Il faudra toute une journée pour faire venir nos pagayeurs et embarquer nos provisions. C’est donc le cas d’aller voir les plantations de nos compatriotes. Mais Sully tient à voir lui-même le chargement de nos canots — on dit ici *parer les canots* — et il restera avec Emma. Pour moi, qui suis inutile, je pars en mauresque et parasol dans une pirogue avec un pagayeur créole, et je redescends la rivière pour rendre visite à MM. B... et S... Je m’aperçois qu’il ont fait construire un wharf en bois; ce n’est pas le bois qui manque en ce pays, mais la bonne volonté de s’en servir; ainsi M. Chou-Meng aurait pu en faire un. Au bout de ce wharf s’allonge une avenue de bananiers, et tout au fond, on aperçoit la hutte principale. Ce serait en tout petit, et dans le bois sauvage, une illusion de Peterhof sur la mer Baltique, où j’étais l’an dernier. Là-bas, l’eau miroitait au fond d’une avenue de pins. Ici la nature est plus belle, et cette hutte vaut un palais. Je commence à croire que les pays tropicaux ont leur charme, et nulle part la vie n’est simplifiée davantage. Si l’on surmonte les difficultés du climat, la nature offre de telles compensations au manque du confort inventé par la civilisation moderne, qu’on oublie celle-ci.

Sous leur hutte, je trouve MM. B... et S...; ils surveillent leurs planteurs. L’administration pénitentiaire avait consenti, grâce à une influence politique, à leur prêter deux douzaines de forçats pour leurs travaux; on n’a pas idée comme une pareille faveur est difficile à obtenir. La main-d’œuvre est la grande question de la Guyane française. Tous les jeunes gens s’en vont aux mines d’or où ils gagnent plus

que sur la côte et à Cayenne, et ils aiment la vie
libre des bois. On ne peut leur en vouloir. L’une
ou l’autre fois, on a essayé d’imiter les Anglais en
amenant en Guyane des nègres d’Afrique; le gouvernement anglais a fait dire confidentiellement au
nôtre : « Vous savez, c’est la traite des noirs. » Et
la terreur de l’Anglais qui nous possède a suscité
une série d’arrêtés pour arrêter cette traite imagi-
naire. Le même coup s’est répété pour les coolies
de l’Indo-Chine : « La traite des jaunes, cette fois. »
Le résultat en est que la Guyane anglaise a quatre
cent mille habitants, coolies, noirs ou créoles, et
que la Guyane française en a trente mille. Comme
notre territoire est aussi grand, on se rend compte
de la pénurie de la main-d’œuvre.

Mes deux compatriotes me parlent du contesté
franco-brésilien, des fameuses mines d’or de la
Compagnie du Carsewène qui, pour une dépense
de quatre millions, ont produit 8 kilogrammes d’or,
dont la moitié provenait des alluvions de rivière,
et l’autre moitié des résidus de lavage d’un tunnel
creusé dans du quartz aurifère. On avait construit
100 kilomètres de chemin de fer monorail, aujour-
d’hui recouvert par la vase. Ne médisons pas trop
du monorail, ce n’est peut-être pas lui qui est cause
que le kilogramme d’or est revenu à un demi-mil-
lion à la Compagnie. A côté d’elle d’autres exploi-
tants ont recueilli beaucoup d’or, pour deux cents
millions, dit-on; ils ont amassé des fortunes. La
grande crique a 12 kilomètres de longueur, elle a
été riche par taches, les petits cours d’eau tribu-

taires étaient pauvres. On dit qu'il reste encore beaucoup d'or dans la région.

C'est une aventure que celle de ce contesté franco-brésilien. Le public français y est demeuré indifférent, il était bien plus occupé de l'affaire Dreyfus. Il s'agissait pourtant d'un immense territoire, riche comme les Guyanes et le Brésil, et dont certaines régions étaient même exceptionnelles pour la facilité des cultures. La France, me dit-on, n'a pas su faire valoir ses droits, tandis que le Brésil n'a pas négligé les siens. En Guyane, l'opinion générale est que l'argent a joué un rôle dans le règlement de l'affaire, car la France n'a *absolument rien* obtenu. Les arbitres étaient des Suisses. On disait bien autrefois : « Pas d'argent, pas de Suisses. » C'est ce proverbe peut-être qui est cause de l'opinion des Guyanais! Ce qui est sûr, c'est que le Brésil entend mieux les affaires que nous, au sens pratique.

Depuis que le Brésil est au Carsewène, les affaires de cette région ont été désertées, la confiance est perdue. Il est vrai qu'auparavant une part du succès du Carsewène était due à l'absence de tout gouvernement. L'arrivée des fonctionnaires français aurait peut-être fait le même effet que celle des fonctionnaires brésiliens. En Guyane, la douane fait fuir l'or, c'est un fait, nous avons le temps de nous en apercevoir.

Sur deux douzaines de forçats engagés ici, il n'en reste qu'une; les autres sont partis, se disant malades, c'est-à-dire ici paresseux. On ne leur a pas reproché autre chose. Ceux qui travaillent en ce moment ont l'air fort calmes, ils sont bien nourris, ils ont du vin. Leurs huttes, qu'ils ont construites eux-mêmes, diffèrent bien peu de celle du propriétaire.

Les plantations sont surtout le cacao et les bananiers. On cherche à faire refleurir la culture du cacao en Guyane, l'administration donne un franc par pied de cacaoyer. En ce moment, on commence ici à les transplanter. Le défrichement n'est même pas tout à fait achevé. C'est là un travail considérable, dans ces forêts de grands arbres enchevêtrés de lianes. On a surtout du mal à se débarrasser des troncs, sur lesquels le feu n'a guère de prise en cette saison des pluies.

Notre déjeuner, préparé par une créole, est excellent : il se compose, comme plat de résistance, d'une tortue de terre préparée au *curry*. C'est délicieux, mais si j'avais su comment on tue ces pauvres bêtes, j'aurais été, je crois, dégoûté d'en manger. On leur scie la carapace le long des côtes et on taille les muscles de la carapace à coups de hache. Le mieux est de les étouffer, mais c'est bien plus long. On aimerait à croire avec certains naturalistes, comme Darwin, que les animaux souffrent très peu; pourtant l'homme n'est que trop sensible à la douleur.

Notre salade est faite d'un chou palmiste, découpé en lamelles. D'un blanc appétissant, il serait fade s'il n'était fortement assaisonné. On le coupe au sommet d'un jeune arbre, sans s'inquiéter si celui-ci en meurt : il y en a tant dans la forêt vierge.

Après déjeuner, nous faisons un tour dans la forêt, aux endroits où ni les broussailles, ni les marécages ne nous arrêtent. Voici des fourmis-manioc, un des spectacles les plus faits pour passionner un naturaliste. Elles sont innombrables, et si elles s'attaquent à une plantation, elles ont vite fait de la détruire. Nous suivons leur route : elle a vingt-cinq centimètres de largeur environ et serpente à travers le bois. Le parcours des fourmis est ininterrompu; par files de dix à vingt, elles cheminent dans les deux sens; les unes apportent des fragments de feuilles vertes, qu'elles tiennent comme des parasols, elles viennent de les détacher de l'arbre et vont en approvisionner leur logis; les autres retournent à l'arbre pour continuer de le dévaliser. Sur des centaines de mètres, nous les suivons : un grand arbre est dépouillé de ses feuilles en une nuit.

Une autre espèce de fourmis est plus dangereuse encore. S'il lui prend fantaisie de s'installer dans une maison, il n'y a plus qu'à déguerpir et à la lui abandonner. Elle s'attaque aux serpents et les dévore; elle ne craint pas les tigres, disent les créoles. L'homme leur échappe en plongeant dans l'eau. C'est bien un des principaux inconvénients de la forêt que ce petit être-là.

Sur la rive, c'est un débordement de *palétuviers* et de *moukou-moukou*. Ce dernier végétal a une grosse feuille dont on se sert pour prendre le poisson-torpille. La secousse électrique, qui serait dangereuse, est évitée par cette feuille qui joue le rôle d'un isolant.

Quand je reprends mon canot pour rentrer le soir chez M. Chou-Meng, cette journée m'a paru un rêve. En rentrant, je trouve nos canots *parés*, nous partirons demain matin entre quatre et cinq heures pour profiter de la marée qui remonte jusqu'au premier saut, — c'est ainsi qu'on appelle ici les rapides et les cataractes des rivières. — Ce premier saut s'appelle le saut Tourépée, un nom indien.

Le soir, nous regardons faire un canot bosch. C'est un tronc ouvert à la hache le long d'une fibre, puis creusé avec un large ciseau. On brûle ensuite du petit bois dans la cavité produite, ce qui l'élargit : le vide augmente de plus en plus sans que le bois se fende. Les deux extrémités sont maintenues fermées, elles feront l'avant et l'arrière du canot. Lorsque l'intérieur est achevé et régularisé au tranchet, on le consolide par des traverses et on lance le canot à l'eau. Il cale vingt centimètres à peine, et peut franchir les passes étroites et peu profondes des rapides. Les créoles ne construisent pas tout à fait comme les Boschs; leurs canots sont plus larges et les bords sont surélevés pour pouvoir être chargés davantage. Nos canots sont de ce dernier type. Leurs *pomakarys* ont l'air tout à fait confortables : nous pourrons braver la pluie et le soleil.

Pour les coups de soleil, Emma nous explique qu'elle les guérit très bien au moyen d'une infusion de verveine exposée plusieurs heures au soleil. On se lave la tête avec l'eau de l'infusion, puis on la rafraîchit avec des compresses de la plante de verveine. Ce n'est pas bien pénible, mais mieux vaut encore éviter le coup de soleil par le *pomakary*.

Nous n'allons dormir dans notre hutte qu'après avoir porté tous nos bagages dans les canots, de façon à être embarqués demain dès le réveil. C'est la navigation en canot qui va commencer : nous ne savons combien de temps elle durera; entre quinze et vingt jours, nous dit M. Chou-Meng, mais nous espérons aller plus vite que cela : il n'y a pas deux cents kilomètres, et vingt jours ne feraient pas même dix kilomètres par jour. Il est vrai qu'il y a les sauts et ils font perdre beaucoup de temps.

CHAPITRE III

EN CANOT SUR L'APPROUAGUE

Il est près de cinq heures quand nous nous levons, et comme on perd encore un certain temps aux derniers préparatifs à la lueur tremblotante des bougies, sur l'eau et sur le rivage, le jour commence à poindre quand nos canots quittent le rivage. Pour moi, j'étais prêt dès quatre heures, prenant à la lettre l'heure fixée la veille, mais je vois bien qu'il faut se faire à l'exagération créole; elle va me servir de *leit-motiv* pour mon voyage.

Nous avons deux canots, chacun est muni de quatre pagayeurs et d'un pilote, tous créoles. Le chef pilote est celui de Sully-L'Admiral; aussi il appelle son canot le bateau-amiral. Il a le plus grand *pomakary*, pour l'abriter avec Emma. Sous le mien, j'ai pour camarade un placérien créole en route pour son poste. En outre chaque canot transporte un ouvrier créole (il n'y a plus de nègres ici) allant aux placers. Les provisions et les bagages remplissent tout l'espace libre des canots. Chaque pagayeur a emballé ses bagages dans un *pagara :* c'est la malle indigène, rappelant la malle japonaise; le couvercle emboîte le fond, télescopant plus ou moins, suivant le remplissage. Ce couvercle et ce fond sont imperméables à la pluie, formés de trois enveloppes dont deux en lanières tressées, faites avec les nervures des tiges de feuilles du *palmier madripa*, et la troisième faite de larges feuilles d'un autre palmier. Une corde fixe le couvercle contre le fond, mais elle est inutile lorsqu'on a fréquemment besoin d'ouvrir son *pagara*.

Il fait vraiment très bon; cette température tiède et cette atmosphère humide sont une jouissance. Les pagayeurs ont l'air de s'amuser plutôt que de travailler; ils causent en langage créole, et j'ai bien de la peine à les comprendre. Mon canot aborde la rive, il va prendre mon quatrième pagayeur ; celui-ci est un Martiniquais de vingt-quatre ans; pour un créole, c'est presque un blanc, il a ici une hutte avec sa femme et plusieurs enfants.

A sept heures et demie, des collines sont en vue, et rompent légèrement la monotonie des grands arbres feuillus qui bordent l'Approuague. Le fleuve paraît toujours avoir deux cents mètres de largeur. Nous sommes aux hautes eaux, grâce aux pluies; les eaux envahissent les rives au loin sous les arbres, tandis que flottent les larges feuilles du *moukou-moukou* dont on me faisait hier la description.

Nous arrivons au saut Tourépée, aux premiers rapides; ils sont invisibles. C'est l'heure de la marée, qui remonte jusqu'ici : l'eau étale recouvre entièrement les rochers, on ne se douterait pas qu'on franchit une petite chute.

Vers deux heures, un roulement se fait entendre, c'est le saut du Grand-Mapaou qui va commencer. Le bruit augmente; un îlot s'avance au milieu du fleuve. Mon canot a de l'avance, le pilote le dirige à gauche, les pagayeurs frappent l'eau à coups redoublés, l'eau fait un bruissement continu autour de nous. Des rochers de granit émergent et semblent stationnaires; peu à peu les pagayeurs gagnent de vitesse sur l'eau rapide, et nous passons les premières chutes. Mais le Grand-Mapaou n'est pas fini; voici d'autres rochers entre lesquels le courant est plus rapide que tout à l'heure. Nos pagayeurs l'ont prévu, car ils ont été couper sur le rivage deux longues perches qu'ils appellent des *takarys*. Deux d'entre eux s'arc-boutent sur ces *takarys* qui appuient sur le fond de la rivière, tandis que les deux autres pagayent à bras raccourcis, et nous franchissons la passe. Le troisième passage est plus difficile encore, la pirogue touche le fond, les pagayeurs descendent dans l'eau, attachent une corde à l'avant, et voilà la pirogue halée sur les croupes arrondies des rochers. Puis les *takarys* reprennent leur office; ces braves boys les manient en faisant le moulinet pour les retourner bout pour bout, de façon à ne pas perdre l'avance de l'effort précédent, et ils s'arc-boutent de nouveau. Leurs efforts continuent sans relâche, les rapides ne laissent plus de répit. Il faut haler le canot une deuxième fois, puis reprendre les *takarys*, enfin les pagaies suffisent pour passer le sommet du saut.

C'est un spectacle que cette lutte énergique des

muscles contre la fougue de l'eau : je la regarde avec un peu de jalousie de n'y pas prendre part, mais je suis enfoui impuissant sous mon *pomakary*, et je ne puis qu'aider de mes vœux, ou du moins de la voix et du geste. La première fois que l'on passe un saut, on est saisi d'une sorte d'enthousiasme. Celui-ci nous a pris une heure et quart, et l'eau n'est pas très forte, dit le pilote. Pourtant nos pagayeurs sont en nage, le soleil a dû y contribuer. L'un ou l'autre d'entre eux se débarrasse à tour de rôle de son tricot, puis le remet contre l'ardeur du soleil, suivant le besoin qu'il en éprouve. Les *takarys* sont en bois dur, mais un peu cassant, c'est un bois qui pousse sans un défaut, comme la plupart des beaux arbres de la forêt vierge.

J'ai pu admirer l'habileté de mon pilote pour manœuvrer son gouvernail, sa pagaie et son équipe. Il a le type arabe, l'air fin et intelligent; ses quatre jeunes gens l'écoutent volontiers. Le canot de Sully a perdu une heure sur nous pour franchir le Grand-Mapaou, et nous l'attendons sur une belle nappe d'eau étale, faisant réservoir au sommet du saut, à l'abri d'arbres immenses. Le patron-amiral ne vaut pas le mien. Lorsqu'il nous rejoint enfin, nous mangeons notre dîner en faisant à terre un court arrêt, puis nous repartons en luttant de vitesse. Le patron-amiral et son équipe veulent prendre une revanche de leur retard du matin; mais, à chaque reprise, ils sont battus; tout en pagayant, nos créoles se crient les pires insultes; il en est de si drôles que tout le monde rit; pour moi, je ris de confiance, en atten-

dant l'explication que me donne mon pilote ou mon
camarade du *pomakary*. Ce sont tous de vrais enfants, et l'on redevient enfant à leur contact. C'est
un fait qu'on peut venir expérimenter en Guyane.

La rivière a toujours une immense largeur; parfois des rochers arrondis émergent à peine de l'eau;
d'autres affleurent sur les bords, mais ils sont rares.
Le patron me dit qu'il les connaît tous depuis l'âge
de quatorze ans. Pour franchir un rapide, on choi-
sit la passe la moins profonde, parce que le courant est moins violent; mais cette passe varie avec
le niveau de l'eau, et il faut une fameuse expérience pour savoir l'endroit favorable au passage à
chaque moment de l'année et suivant la crue. Et
l'expérience de certains sauts a coûté cher, les
noyades s'y sont répétées; des ossements blanchis-
sent sous certains remous, car l'audace a, comme
toujours en vérité, précédé l'expérience. De l'or
aussi s'est accumulé sous certains rochers; on a
tenté de curer une passe célèbre par ses accidents,
au moyen d'un scaphandre, mais on n'a pas réussi,
soit que l'or ait été déplacé, soit que le fond n'ait
pu être atteint.

Au-dessus des sauts, généralement l'eau est calme
et s'étale en nappe profonde. Chaque saut est un
vrai barrage, c'est comme un degré entre deux
niveaux; avant de se précipiter, l'eau s'amasse et
même elle reflue parfois en amont. Le courant ne
reprend qu'un peu plus haut. Au point où nous
sommes, le fleuve Approuague est si large et si
tranquille que les créoles l'appellent dans leur

langue expressive *la rivière Bon-Dieu.* Le saut du
Grand-Mapaou fait encore entendre à plusieurs
kilomètres son roulement de tonnerre assourdi.

Vers cinq heures, nous atterrissons pour dîner et
passer la nuit, c'est ce qu'on appelle *carbeter;* nous
verrons tout à l'heure ce que c'est qu'un carbet.
Pour notre dîner, Sully jette à l'eau quelques car-
touches de dynamite et récolte une pêche merveilleuse. Avec ce garçon, nous aurons toujours du
gibier ou du poisson frais; nous n'aurons recours
aux conserves que pour les légumes, et encore rarement; nous avons du riz, même des concombres, et
Emma sait habilement en tirer parti. Je n'ai qu'à
regarder faire quand j'ai fini d'errer sous la forêt
vierge qui m'enchante, mais d'où la nuit, à six
heures, m'oblige à sortir pour regagner le foyer
qui brille.

J'ai admiré ces arbres énormes qui se perdent
en l'air en entrelaçant leurs feuillages. Près de
nous se trouve un campement de créoles qui ont
perdu leur canot de provisions, un peu plus haut,
au saut Machicou, et du coup voilà un passage qui
devient inquiétant pour nous. Nos pagayeurs cependant ont construit plusieurs carbets et je suis
émerveillé de les voir travailler si rapidement. L'un
de ces boys surtout déploie une activité même exagérée à tailler des perches et à couper et traîner
d'immenses feuilles de palmier; cet homme est un
symbole de l'exagération créole : il parle, il ges-
ticule, il crie, il insulte, il taille et il coupe tout à
la fois. Son carbet semble parachevé en un clin

d'œil , tellement il éblouit par son ramage : de plumage, il n'en a presque pas; quand il est en colère, il se frappe la poitrine de sa large main, et de la sueur qui l'inonde il éclabousse ses voisins, à grand bruit de *claf-claf!*

Contre quatre perches verticales, il appuie quatre fourches qui les maintiennent écartées, car elles doivent subir la traction du hamac. Sur ces perches verticales, il fixe avec des lianes, des perches horizontales en parallélogrammes de plus en plus petits de façon à faire une toiture pyramidale, et là-dessus il pose ses feuilles de palmier. Celles-ci ont des longueurs de trois mètres et plus, elles sont formées de petites feuilles le long d'une tige; en les posant en sens inverse alternativement, tous les vides se comblent, et la pluie ne saurait les traverser. Ce travail des carbets va nous être fort utile, car il pleuvra une bonne partie de la nuit. En été, on s'en passe.

Avant de s'endormir, ils parlent, ils rient, tous ces créoles, ils racontent des histoires sans fin; ce sont des primitifs, des enfants de l'âge de pierre, et ce voyage est pour eux un plaisir. C'est l'histoire du tigre et de la tortue qui font la cour à une princesse créole. Le tigre (c'est le nom du puma en Guyane) a tous les défauts et surtout il est bête et sot, il donne dans tous les panneaux. La tortue lui fait toutes ses grâces, et le flatte pour se faire porter au rendez-vous. Lorsqu'elle est arrivée où elle veut, et que son arrivée fait sensation, tandis que personne ne fait attention au tigre, pour échapper à celui-ci qui est furieux contre elle, elle se laisse tomber à l'eau en faisant *T-boum*, et ce bruit imitatif fait la joie des boys. Ils ne s'ennuient pas avant de dormir! J'ai fort regretté d'être si ignorant du langage créole : il m'a semblé retrouver dans ces récits toute la trame et même la manière de raconter les histoires des animaux que Rudyard Kipling emploie dans ses *Histoires comme ça*. C'est l'histoire de la peau du rhinocéros, des écailles du tatou, et d'autres plus corsées, comme le parapluie de l'éléphant·et de l'âne. Peut-être trouverait-on là le le type des histoires les plus anciennes du monde et de l'humanité, et leur identité chez les créoles d'Amérique et les Indiens d'Asie le confirmerait. Dans l'un et l'autre des deux continents, on retrouve avec tous ses traits naïfs et profonds le « sauvage enfant du bois sauvage ». Si Kipling a mis à le raconter un art incomparable, il a pris ses traits sur nature.

Je vais pourtant essayer de redire un de ces contes de la forêt, tout en craignant, d'un côté de l'avoir mal compris, de l'autre d'y rencontrer une philosophie problématique.

Cela se passe dans le bois sauvage, bien avant qu'aucun homme ne parût sur la terre.

Tous les animaux étaient bons et doux; ils vivaient d'herbes et de fruits, et ils s'aimaient paisiblement, n'ayant aucun sujet de dispute; la terre produisait de tout en abondance, et la guerre était inconnue. L'amour n'était qu'une exubérance de vie produite de temps à autre par la nécessité, ou bien par l'exercice auquel les animaux se livraient pour développer leurs forces. La curiosité était inconnue : c'est l'homme qui a apporté le désir de la connaissance; il a trouvé que, durant sa venue subite et pour si peu de temps à la lumière, il lui fallait se hâter d'apporter sa contribution à la recherche de cette lumière. Les animaux sans doute étaient plus sages, ils se contentaient d'en jouir simplement.

Un jour, le bois vit ce phénomène étrange d'un lion et d'un tigre qui s'aimaient éperdument; je n'en compris pas la raison, mais ça ne fait rien. C'était un fait : ils se rendaient toute espèce de services, se procuraient les plantes les plus délicieuses à manger, s'appelaient la nuit, le jour. Le lion était le plus fort et le plus rapide des animaux. Le tigre était le plus agile : il attrapait même les oiseaux sur les arbres.

Un tapir jaloux (c'est bien le fait du gros tapir!) alla le dire au grand serpent, le maître du bois. Ce tapir était obtus. Mais le grand serpent, voulant détruire la jalousie, se laissa tomber sur le tigre endormi, le tua, et commença de l'avaler pour cacher son méfait.

Etouffé par la digestion, il parut mort, et les autres animaux du bois, pour le dégager, le mordirent, le déchirèrent. Goûtant le sang pour la première fois, ils s'y complurent, dévorèrent le tigre, et arrachèrent sa crinière au lion qui voulait les arrêter.

Le pauvre lion fut si péniblement ému de la perte de son ami qu'il en perdit son audace avec sa crinière : il devint le peureux lion de Puma, le seul lion de l'Amérique du Sud. Le type de tous les animaux changea : d'herbivores ils devinrent carnassiers.

Et ainsi l'amour, perdant sa simplicité, causa le désordre et la guerre. Le monde n'en parut pas plus mauvais, parce que, la vie étant plus difficile, il y eut plus d'intérêt à aimer et à vivre.

Pendant la nuit, ce sont tour à tour les mille bruits de la forêt, dont chacun vient à son heure, et que nos boys connaissent bien, pour avoir vécu dès leur enfance de la vie des bois. Les divers caractères des quadrupèdes et des oiseaux sont un inépuisable sujet de causeries. C'est l'oiseau-chanteur qui siffle un air populaire, comme qui dirait quelques notes du *Roi Dagobert;* on lui répond en sifflant le même air et il vient vous fixer à trois pas de distance. Ce sont le tapir et le caïman qui se font nettoyer les dents par un oiseau à long bec, y trouvant tous leur avantage. C'est l'oiseau-moqueur, le crocodile, etc., je n'en finirais pas.

Ce sera ainsi tous les soirs; je me sens peu disposé à dormir dans mon hamac, et l'habitude me manque. Pour commencer, je me suis jeté à terre en y montant. La nuit est délicieuse, il n'y a aucune fraîcheur, la température tiède et douce est celle des sous-bois pendant le jour. Vers deux à trois heures du matin seulement, il passe sur la rivière une brise un peu fraîche, la pluie est tiède. J'ai mal dormi, mais ces journées en canot sont si peu fatigantes qu'on n'éprouve pas le besoin de dormir. Nos créoles par contre sont un peu fatigués et ils ronflent à qui mieux mieux. Celui qui bâtissait si allègrement le carbet où je suis, ronfle plus fort que les autres, il ne peut rien faire sans exagérer; c'est un type. Il s'appelle M. Dormoy. Sa peau est chocolat, ses cheveux sont crépus. Il est le plus rebelle de tous au vêtement, sauf le pagne obligatoire : il a ses qualités d'ailleurs, et des quatre pagayeurs de Sully, c'est le plus alerte et le plus vigoureux.

Un phénomène agréable dans ce voisinage de l'équateur, c'est que le soleil se lève et se couche constamment à la même heure, ou presque, tout le long de l'année. On se lève au point du jour, on aborde le rivage un moment avant la nuit pour préparer les carbets et le dîner sans tâtonner. On peut dire l'heure à peu près exacte d'après la position du soleil, ou d'après l'éclairage, si le ciel est couvert, et dans cette saison des pluies, il est souvent chargé de nuages.

Au départ, à six heures du matin, nouvelle pêche à la dynamite en prévision du dîner, puis en route. Nous passons le saut Athanase au moyen des *takarys*, et avec un peu de halage. A midi, le passage du saut Matthias nous élève à trente mètres au-dessus du niveau de la mer. A quatre heures du soir, comme nous passons en vue d'un groupe de cinq carbets en bon état, nous décidons d'y passer la nuit; nous n'aurons pas la peine d'en construire de nouveaux.

Nous causions du climat guyanais. Mon pagayeur, le Martiniquais, parle des coups de soleil, et dit que la lune est tout aussi dangereuse : elle produit le *coup de lune;* si l'on s'endort sous la pleine lune, elle vous donne la fièvre et vous *tord la bouche.* Je me demande si c'est une blague tartarinesque, mais Sully, qui arrive, me fournit une explication par les effets absolument reconnus de la réverbération du soleil soit sur l'eau, soit sur les nuages, sans que le soleil soit visible; l'effet des rayons solaires peut se produire par réflexion sur la lune. Mais il y a aussi une autre explication au coup de lune; suivant que c'est la nouvelle lune ou la pleine lune, la sève des plantes est faible ou forte, et dans une atmosphère humide et tiède, au milieu d'une nature exubérante et chargée de sève, si celle-ci est encore en excès, elle peut agir sur l'organisme. Un fait bien connu en Guyane, c'est que, suivant que la lune est nouvelle ou pleine, les feuilles coupées aux palmiers se gâteront très vite ou dureront longtemps; de même les coupes de bois seront bonnes ou mauvaises. On remarque ces faits surtout pour les coupes de bois de rose, qui perdent ou gardent leur parfum. De même on y fait attention pour la construction des carbets, qui tombent en quelques jours, ou durent plusieurs mois suivant le moment où l'on coupe leurs bois.

Les pluies paraissent suivre les mouvements de la lune, c'est-à-dire qu'il pleut surtout quand la lune passe en vue de la terre, de jour ou de nuit.

Je ne suis pas encore bien fixé sur le compte des créoles. Sur le grand paquebot, on m'en a dit beau-

coup de mal; on m'a parlé de leur ignorance, de
leur sottise, de leur incapacité de conduite; ils n'ont
que de la mémoire, me disait-on, et n'arrivent qu'à
parodier la civilisation, et comme ils sont orgueilleux, ils se croient réellement civilisés. Je crois
trouver ici une explication de ces opinions. Les
créoles sont ignorants parce qu'ils trouvent que la
nature est un meilleur maître que la férule des ins-
tituteurs, et ont-ils si tort que cela, car il y a bien
du fatras dans notre enseignement? Ils sont sots
parce qu'ils sont des enfants, et n'ont pas cultivé
leur réflexion et leur intelligence. Ils n'ont pas de
conduite parce qu'ils sont plus près de la nature
que nous, et que l'instinct chez eux a gardé une
force presque irrésistible; leurs fautes sont naturelles. Enfin s'ils sont orgueilleux, je me doute bien
un peu du pourquoi : ils n'ont pas constaté chez les
blancs ou Européens qui gouvernent la Guyane française, d'intelligence supérieure à la leur, et chez
les voisins anglais, ils voient de l'énergie plus que
de l'intelligence. Or il me semble, à moi, que les
créoles sont intelligents, il en est même de très intelligents; tout ce que je crois voir, c'est que leur
intelligence s'applique plutôt à percer la nôtre qu'à
créer; ils cherchent un appui. Si nous leur donnions
cet appui, par des intelligences d'élite, nul doute
qu'ils atteindraient un niveau très élevé.

Si, à côté de nous, les Anglais traitent avec hauteur leurs créoles, qu'ils appellent *niggers*, et obtiennent de meilleurs résultats, ce n'est pas une
preuve qu'ils aient raison; j'aurai plus tard l'occa-

sion de mieux étudier cette question. Les Anglais se sont servis de moyens dont nous n'avons pas su profiter, ils ont importé leurs *coolies* des Indes, qui savent cultiver, tandis qu'en Guyane française l'or a mobilisé toutes les énergies. En tous cas, l'homme doit être élevé et non abaissé. On sait que le cheval même gagne à être bien traité, je ne vois pas pourquoi l'homme, quelle que soit sa couleur, ne gagnerait pas bien davantage, mais il faut étudier ses capacités : je ne pense pas non plus qu'il ait pour but unique de produire et de gagner de l'argent, comme on le croit en pays anglais. Nous sommes portés à rêver, l'Anglais est porté à agir, chacun son rôle.

Voici une petite histoire arrivée en Afrique, chez des nègres de la Côte d'Ivoire. Lors de la construction du chemin de fer, un ouvrier nègre mettait tant d'obstination à ne **pas** faire ce qu'on lui disait que le chef de chantier, un blanc, le battit et le chassa. A quelque temps de là, ce blanc, égaré dans l'intérieur, alla chez le chef d'un village nègre. Une surprise l'y attendait. Ce chef, ce roi, il le reconnut avant d'arriver à sa hutte : c'était l'homme qu'il avait battu. Surprise plus grande encore, ce roi venait à sa rencontre témoignant une vive allégresse. Equivoque, peut-être, cette allégresse, la joie de la vengeance? Mais non, le voici qui embrasse ses pieds, le traite avec respect. Est-ce qu'il ne le reconnaît pas? Mais si, le voilà qui parle : « Toi battu moi, toi bien fait, moi content, etc., etc. » Et ce blanc, qui me racontait l'histoire sur le paquebot, ajoutait : « Voilà bien la preuve, n'est-ce pas, qu'ils ne sont sensibles qu'aux coups! — Je ne sais pas, disais-je, peut-être faut-il plutôt dire aux *justes* coups. »

En Guyane, il ne saurait être question de coups, justes ou injustes; la sentimentalité règne, on en est aux doctrines de J.-J. Rousseau sur l'excellence de l'homme et les méfaits de l'éducation. Comme je suis en pleins bois, entouré de gens si éminemment bons, du moins convaincus de l'être, je m'allonge dans mon hamac avec la sécurité la plus absolue, et cette nuit, je dors profondément, sans même rêver aux prochaines cataractes du Machicou. D'ailleurs la force, l'habileté de ces pagayeurs m'ont inspiré en eux une confiance sans bornes. Demain je veux les étudier de plus près.

Cependant, à quatre heures du matin, je suis réveillé par une sérénade de singes hurleurs ou singes rouges. C'est un des bruits de la forêt les plus caractéristiques, mais son heure est un peu variable. Cette race de singes donne son concert entre deux et quatre heures. Le concert (gratuit) dure près d'une heure pendant laquelle ils gambadent aux arbres, pendus par les pattes ou par la queue, et poussent des cris discordants. Puis le chef le plus vieux lance trois hurlements brefs sur un ton bas; alors le bruit infernal des hurlements cesse subitement, et la troupe s'en va, on pourrait dire s'envole, à travers les branches, à la recherche des fruits. C'est ici qu'il faudrait décrire la fuite des singes, et le *bandar log*, mais il est plus simple de renvoyer le lecteur à Rudyard Kipling, il y trouvera une page descriptive qui donne la sensation du vol des singes. Kipling l'a vu sans doute beaucoup mieux que moi — je les ai surtout entendus — mais spectacle et concert sont curieux.

La principale nourriture de ces singes, ce sont les fruits; nous en cueillons à terre jusque sous nos carbets, ils ont dû nous en jeter. Ce sont surtout des fruits de palmiers, rappelant au goût les amandes fraîches, tendres et avec de gros noyaux. En nous levant, un des boys raconte l'histoire d'un de ses camarades qui resta perdu dix-sept jours dans la forêt, sans provisions; il ne conserva la vie qu'en suivant une bande de singes, et en mangeant de tous les fruits qu'il leur voyait manger : il était sûr ainsi de ne pas risquer de s'empoisonner.

Les canots sont « parés », et nous repartons, toujours sur les eaux du large Approuague, entre des rives de grands arbres, où volent des perdrix et des perroquets verts, aux cris aigus et éclatants. J'ai tout le temps d'étudier mes quatre pagayeurs, et cela me fait passer le temps en oubliant les *bleus* que commence à me faire le dur plancher de mon *pomakary*. Je suis abrité du soleil et des averses, c'est vrai, mais avec l'obligation de rester assis ou étendu, et il me tarde d'arriver au soir pour me redresser et m'étirer. Vraiment, je voudrais bien pagayer moi aussi, au risque de recevoir une de ces pluies tièdes qui coulent sur les dos aux teintes diverses de mes pagayeurs.

Parlons d'abord de mon patron-pilote; il est seul

derrière moi, je le vois mal, mais je puis causer davantage avec lui. Il s'appelle Elie Homère : s'il est homérique par ses voyages perpétuels en canot, il n'a rien de prophétique, pas même la barbe; les intempéries l'ont vieilli, mais affiné, c'est un type intéressant, et je lui prête mon parasol contre les averses. Il a vite fait de l'user et me le rend chaque soir un peu plus noirci par les taches d'humidité. Mes deux pagayeurs de tête s'appellent Joë et Charles. Joë, celui de droite, c'est le Martiniquais; presque blanc, malgré ses vingt-trois ans, il est tout ridé sous les joues et tous ses mouvements sont calculés ; il a de l'expérience et il est très vigoureux. A sa gauche, Charles est chocolat, il est mince et vif comme une anguille, agile et adroit tandis que Joë est musculeux. Derrière eux, à droite, c'est un vrai noir de peau, Lucien; ses traits rappellent quelque ancêtre blanc (européen, dis-je), mais il n'aime pas trop à se fatiguer, il fait à peine le strict nécessaire. Par contre, à sa gauche, c'est le plus actif de tous, Ernest, un jeune Indien peau-rouge de dix-neuf ans, beau comme un dieu païen; ses cheveux sont d'un noir bleuâtre; sa figure éveillée reflète la vie des bois et des animaux, qu'il connaît mieux peut-être que les hommes; il a fui à treize ans l'école de Cayenne, enivré de la vie des forêts, et il ne l'a plus quittée depuis. Il a l'air susceptible de développement autant au moins que nos fils de citadins : son profil, ses traits sont réguliers, sa tête est fine, peut-être un peu trop fine et petite, comme serait celle d'un joli chat, c'est un pur produit d'Amérique, sans croisement blanc ni noir, aussi m'intéresse-t-il d'autant plus ; je vois en lui le représentant d'un problème, celui d'une race d'hommes différents de nous, originaire du nouveau monde, développés à côté des races indo-européennes et asiatiques, sans les avoir connues.

Le pilote de Sully est plus âgé que le mien : il a neigé sur sa barbe et sur ses cheveux; il s'appelle Simplice et il a l'esprit plus simple qu'Homère; il ne voit pas si bien les bons passages des sauts et il a moins d'influence sur son équipe. Celle-ci est composée de deux créoles d'un brun clair : Ernest II et Titi; d'un autre presque noir, muni de favoris qui lui donnent un faux air de procureur, mais il est plus adroit et plus fort qu'un habitué des tribunaux, il est plein de ressources et s'appelle Eugène; le quatrième est M. Dormoy, le beau diseur, le grand gesticulateur, l'homme qui sait tout, règle tout, régit tout, gouverne tout, même le pilote qui n'est pas le sien, et d'ailleurs l'envoie balader. S'il n'était pas bon travailleur, M. Dormoy serait fatigant; il est drôle pour ceux qui savent le créole.

Sous son *pomakary*, Sully trône avec Mlle Emma. Vu de l'avant sur son tapis rouge, il a l'air d'un sultan avec sa favorite. C'est assez cela. A côté de moi, j'ai M. Sésame, moins favori qu'Emma, mais tenant moins de place, obligeant, intelligent, plein de tact, et sec comme un clou. Les deux ouvriers que nous transportons au milieu de nos pagaras sont sans importance, mais Sully a, en outre, un homme à tout faire, porter de l'eau, faire du feu, cuisinier, tendre son hamac; en tout, sur ces deux canots, nous sommes donc quinze personnes avec leurs bagages : les deux ouvriers vont nous quitter en cours de route pour rejoindre leur chantier de travail.

A onze heures, nous passons le saut Icoupaye formé de rocs de quartz barrant en grande partie le cours de l'Approuague. C'est un filon de quartz en saillie, mais il n'est pas aurifère. Il n'est pas donné de l'être à tous les filons de quartz; tout près d'ici pourtant on exploite des sables aurifères.

Ne sachant à quoi rêver dans mon canot, je retrouve de vieilles mélodies de Rossini, qui me remplissaient de joie quand j'étais jeune. Comme ces fraîches idées musicales, pareilles à celles de Mozart, me faisaient battre le cœur à quinze ans! Est-ce la jeunesse de cette nature dans sa splendeur qui les évoque? Ces bords de l'Approuague sont de plus en plus beaux, ou bien on dirait que je prends de plus en plus conscience de la magnificence des forêts tropicales. Ce ne sont que des verts, de clairs et obscurs verts, cachant les troncs verdâtres, des lianes vertes montant avec une légèreté indescriptible. Par moments, on dirait d'énormes pans de ruines entièrement recouvertes de lierre épais ou bien de plantes grimpantes fines et serrées; les lianes qui font cet effet si délicat et singulier rejoignent des rideaux d'arbres entiers en faisant d'épaisses murailles vertes qui tombent à pic dans la rivière. Parfois un trou sombre s'ouvre béant dans ces murailles, comme une caverne crée un vide noir dans la verdure, et l'on aperçoit dans ce vide quelques troncs très hauts sans branches; ou bien des arceaux verts encadrent des fenêtres, à travers lesquelles se perdent des enfilades de troncs et de lianes-cordes sans feuilles. Les palmiers abondent, mais ils sont submergés dans la foule des grands arbres feuillus, aussi pittoresques que nos châtaigniers et nos noyers. Dans une touffe de lianes, Sully vise, de son canot, successivement deux serpents et les tue, un serpent rouge ou *serpent-agouti* et un *drage trigonocéphale*. Le serpent-agouti trompe le chasseur par son cri, qui est le même que celui de l'agouti, le lièvre américain; si l'on imite ce cri pour attirer l'agouti, on voit souvent paraître le serpent-agouti.

Nous faisons halte au confluent de la rivière Arataye avec l'Approuague. Il se met à pleuvoir, et la nuit s'annonce pleine d'eau. Heureusement nous trouvons des carbets encore solides que nos hamacs ne feront pas crouler. Les moustiques commencent à nous incommoder; je n'ai pas de moustiquaire, mais mon hamac brésilien est si grand que je puis le replier sur moi et il fait presque l'office d'un moustiquaire. J'admire mes créoles dont plusieurs sont pourvus de cette protection, mais d'autres ne se soucient même pas d'un carbet pour pendre leur hamac et couchent dans les canots : sur l'eau les moustiques sont encore plus abondants, mais la fatigue du jour endort nos boys rapidement. Il pleut toute la nuit, et l'humidité remplit notre linge, nos souliers, nos chapeaux. La Guyane est un terrible pays pour les chaussures et toute espèce de cuir, et l'humidité est le grand ennemi, bien plus que la chaleur. Pour éviter qu'elle pénètre le corps, il faut faire beaucoup d'exercice, transpirer et beaucoup manger : en canot, c'est l'exercice qui nous manque le plus.

Partis à sept heures du matin, des averses nous arrosent encore. A la fin de l'une d'elles, je remarque que Joë, qui l'avait subie ruisselante sur son dos nu, remet son tricot mouillé : « Il doit être froid, lui dis-je. — Non, pour moi il est chaud. —Alors, c'est vous qui le réchauffez. — Non, il est plus chaud que la pluie, je l'ai serré. » Et en effet, il paraît bien qu'une pluie prolongée, même tiède, refroidit le corps, tandis qu'un vêtement de laine même humide, rend la sensation de chaleur. Il a l'air, ce Joë, d'avoir souffert des intempéries, avec sa figure plissée, malgré sa jeunesse. Voilà huit ans qu'il a quitté la Martinique pour courir les bois et les rivières. La fatigue physique vieillit vite. Mon pilote Homère, qui a mené la même vie et dans les mêmes conditions, a trente-cinq ans : il en porte cinquante. Ainsi je me représente Ulysse devant Troie.

CHAPITRE IV

LE SAUT MACHICOU

A midi, nous sommes au *dégrad*, c'est-à-dire au point de débarquement du saut Machicou : nous y trouvons quelques *boschs* ou *boschmen* qui transportent des marchandises. Les *boschmen* sont les nègres de la Guyane hollandaise. Ils ont une majestueuse allure, ce sont des types superbes, bien que leurs jambes soient un peu courtes. En les regardant, on se demande si la race blanche est la plus belle. Avec leurs poitrines bombées et leurs biceps énormes, ils sont d'excellents pagayeurs et porteurs de fardeaux. Ici, ils transportent leurs marchandises par terre, car le Machicou est infranchissable aux canots chargés, surtout à la montée.

La première partie du saut forme une chute de deux mètres : pour la passer, les canots déchargés font un grand détour derrière une île. Il y a beaucoup d'îles, et l'habileté consiste à trouver entre ces îles les meilleurs passages. Le Machicou est formé de sept chutes successives, dont la première et la dernière, les plus étroites, sont les plus difficiles : nous irons de l'une à l'autre par un sentier en forêt.

Nous restons sur le rivage, abrités par de grands arbres penchés sur l'eau. Il tombe des averses torrentielles, l'humidité pénètre jusqu'au cœur des plantes et des fleurs. De beaux lis blancs, à peine ouverts, pendent lamentablement. Des fruits à peine mûrs, tombent à terre pour pourrir.

Pour fêter notre arrivée ici et vaincre l'humidité, nous vidons deux bouteilles de champagne, et les plus adroits de nos boys savent s'en faire verser un verre. Les *boschs* sont impassibles dans leur stature massive.

Les sept chutes du Machicou pourraient fournir plusieurs milliers de chevaux. Ce sera une ressource pour l'avenir de la Guyane. Je vois déjà un chemin de fer électrique allant d'ici aux placers du haut Approuague, de la Mana et de l'Inini. En attendant, on pourrait peut-être venir jusqu'ici en chaloupe à vapeur. Il suffirait de faire creuser un chenal au Mapaou et de le baliser.

Nous profitons de cet atterrissage pour faire un tour en forêt, et terminer la journée par un repas de gala, dont le menu contraste avec la sauvagerie de la forêt, et notre entourage de naturels *boschs* et créoles. Ce menu se compose d'un poulet (nous en avons pris trois ou quatre chez M. Chou-Meng, au départ en canot), d'œufs à la coque, d'une soupe aux pois et au Liebig, de poisson et de riz au sucre préparé par Emma. Le dîner a été précédé d'un punch au rhum, arrosé de médoc, et couronné

par du champagne. Voilà de quoi braver la fièvre
pour huit jours. Nous finissons de dîner avant l'arrivée des moustiques que la nuit nous ramène,
ils eussent gâté notre festin.

Il ne nous faut guère que quarante minutes le
lendemain matin, pour remonter à pied les chutes
du Machicou. En ligne directe, il n'y a pas deux
kilomètres, mais il y a les détours; le sentier erre
à travers la forêt, sous l'ombre épaisse et humide,
entre des palmiers hérissés de piquants et à travers des flaques d'eau où l'on enfonce jusqu'au
genou. Le sol n'est que de la boue et de la roche
décomposée, d'une profondeur qu'on devine considérable; c'est pour cela qu'il est si facile d'y planter
des carbets.

Au sommet du saut, il y a toute une série de
carbets où campent les *boschs*; ici nous avons le
temps de les examiner en détail. Sur leur peau
noire, au cou, dans le dos et sur la poitrine, aux
cuisses et aux jambes, ils portent des tatouages en
relief. Ce n'est pas de la peinture, ce sont des
dessins symétriques, des lignes, des cercles et des
festons formés par des centaines de boutons allongés
de peau plus noire, en saillie. Ils obtiennent ce
résultat en se piquant, soulevant la chair et mettant
au-dessous un corps dur qui la tient gonflée. Cette
explication m'est fournie par un de nos boys, car
les *boschs* ne parlent pas créole, mais seulement
leur idiome et un peu le hollandais. Il y a avec eux
deux gamins de sept à huit ans, et un tout petit
de moins d'un an. Le bébé est porté par sa mère,

suspendu devant son sein où il puise à volonté. Si ce poids échauffe trop la mère, elle plonge dans l'eau son rejeton jusqu'à ce qu'il soit évanoui, puis lorsqu'elle le reprend, il lui procure de la fraîcheur pour quelque temps. Le bébé ne s'en porte pas plus mal, paraît-il. Avant deux ans, on jette à l'eau les enfants pour commencer leur apprentissage de la rivière; on les jette de plus en plus loin pour les faire nager. A sept ans, on les jette dans les sauts et les rapides pour qu'ils apprennent à s'en tirer. Voilà une éducation soignée; aussi, avec ce genre d'exercices, ils sont à vingt ans rompus à tout, et ont des poitrines et des muscles à faire l'admiration des sculpteurs.

Pendant cette matinée, nos pagayeurs ont fait passer aux canots vides les six premières chutes, et ils ont porté les bagages et les provisions en amont de la septième. Celle-ci est la plus difficile, et il est midi quand ils commencent à l'entreprendre; elle a environ cent mètres de longueur et quatre à cinq de hauteur. D'une sorte d'observatoire naturel, hissé entre des branches au-dessus d'un rocher à fleur d'eau, je vais voir comment ils s'y prendront. Ce n'est pas une petite opération, il faudra trois heures pour la mener à bien.

Les *takarys*, les cordes, les pagaies, tout est mis en jeu. Les huit pagayeurs et les deux patrons sont tous occupés à passer un seul canot à la fois. Tous sont dans l'eau ou à la nage, sous des averses torrentielles, travaillant ou combinant. L'un ou l'autre passe un grand moment assis sur un rocher à regarder les autres. Le plus agile et le plus infatigable est bien mon jeune Indien, l'eau est son élément. C'est dans ces circonstances qu'on peut juger du coup d'œil, de la force et de l'adresse : la rivière a ici soixante à quatre-vingts mètres de largeur, et elle est hérissée de rochers. Tout à coup le canot, que tous hissent à force de bras sur une roche, leur échappe et recule de plus de soixante mètres; un des hommes a gardé sa corde par bonheur, et en la filant, le retient peu à peu, mais c'est une demi-heure de perdue, un travail à refaire.

Ils font tout ce travail sans avoir mangé. Je les en admire, cependant je trouve qu'il eût mieux valu hisser les canots par terre. Il paraît que les *boschs* ont fait ainsi pour les leurs. La distance est bien plus courte et si la pente est bien plus forte, il n'y a pas la résistance de l'eau, et les rochers sont dangereux. Il serait si simple d'avoir ici un petit treuil à bras pour faciliter encore le travail.

Nous coucherons ici, car les *boschs* sont partis laissant leurs carbets vides ; peut-être nos boys escomptaient-ils ce répit dans leur pagayage! Nous pêchons à la dynamite, mais les *boschmen* ont déjà pêché ce matin et notre résultat est faible. Les *boschs* pêchent en frappant l'eau avec une liane odorante qu'ils appellent *la liane enivrante;* elle étourdit le poisson qui vient flotter à la surface et qu'on prend vivant, à la main. Il paraît que le tapir, le *maïpouri* des créoles, se sert aussi de cette liane pour pêcher, mais son procédé est plus curieux. Après s'être bourré de cette liane, il salit l'eau de sa fiente. Le poisson en est empoisonné, remonte à la surface, et le tapir le dévore. Cet animal, très abondant en Guyane, vit presque autant dans l'eau que sur la terre.

Avant d'aller dormir, je fais un tour dans le bois. C'est un rêve que la forêt tropicale. Que d'enfants et de jeunes gens auraient une joie intense à jouir de ces prodigieux espaces libres où la flore et la faune sont si variées et si puissantes; c'est le bois enchanté, on s'y retrouve l'homme primitif, le sauvage enfant du bois sauvage ; le sol est humide, les buissons ruissellent, les palmiers s'élancent élégants et droits ou hérissés de longues épines, arquant leurs immenses feuilles sous lesquelles se blottissent les serpents. L'inconnu mystérieux et terrible, c'était et c'est encore tout le secret du bois sacré, et déjà en Guyane il a beaucoup plus de mystères que de terreurs.

Le lendemain, 9 février, sixième jour de notre voyage en canot, la matinée se passe à pagayer vigoureusement pour réparer le temps perdu la veille. Nous déjeunons dans les canots, évitant d'atterrir. A travers l'ouverture arrière de mon *pomakary*, L'Admiral me fait passer des aliments variés, des œufs à la coque, cuits au moyen d'une lampe à pétrole; du riz froid; un siphon à sparklets. Le riz me rappelle le *kacha* russe que je mangeais, il y a moins de six mois, à Tiutikho, près de Vladivostok, où je faisais des prospections de mines. Un Coréen me préparait le kacha, il parlait des préparatifs de guerre des Japonais.

A cinq heures et demie, nous accostons le rivage près de la crique Coui pour y passer la nuit. Ce mot crique veut dire ici une rivière, un cours d'eau; il traduit le mot anglais *creek* qui, partout où il y a des alluvions aurifères, désigne un cours d'eau quelconque. Nous n'avons pas fait autant de chemin que nous aurions voulu; le courant de l'Approuague augmente de vitesse à mesure qu'on le remonte, la largeur diminue, sans peut-être que la pente change; les bords sont toujours plats.

Cette nuit, bercé par les averses, dans mes intervalles de sommeil, j'écoute les bruissements, les murmures de la forêt, essayant de les comparer à ceux de *Siegfried*, de *Robin des Bois*, et, par analogie de situation, à ceux de *l'Africaine*, lorsque Vasco décrit le *Paradis sorti de l'onde*. C'est un paradis terrestre, cette forêt vierge immense sous ce climat tiède et humide, où l'on n'a, semble-t-il, qu'à se laisser vivre. Ces mystérieux bruits de la forêt, ce sont ceux des insectes, des serpents, des oiseaux, des singes, des tigres, qui, tous aux aguets la nuit, épient le danger ou chassent leur proie. C'est la lutte des êtres pour leur existence, chaque cri cache peut-être une angoisse, une terreur, celle de l'insecte pour l'oiseau, de l'agouti pour le serpent. C'est le fruit qui tombe, secoué par le singe, le poisson qui plonge entendant le tapir. L'homme même, s'il n'éprouve aucune crainte, se défend contre le moustique, le vampire, la chique, les plus petits êtres. Ce murmure complexe est bien loin vraiment de ces fantaisies musicales que j'évoquais tout à l'heure; seule peut-être la *Gorge-aux-Loups*, avec ses appels de chouettes, donne-t-elle le même genre d'impression, celle d'un mystère alarmant. Quant à la pluie, ces grosses gouttes tombant des arbres, suivies de torrents d'eau en rafales, ce serait bien l'orage de la *Pastorale*. Mais quel réveil plein de soleil leur succède!

J'en suis là de mes rêveries, au milieu de la nuit, quand j'entends une sorte de hurlement. A demi éveillé, je demande : « Qu'est-ce que c'est? — Un tigre », dit un des boys. Ce mot me réveille tout à fait, mais je me rappelle les blagues créoles. Comme personne n'a l'air de remuer, je me rassure et me rendors. D'ailleurs, le tigre, le *puma* guyanais, n'attaque jamais l'homme ; il préfère l'agouti.

A sept heures du matin, nous repartons par un léger brouillard. La rivière, plus étroite qu'auparavant, entre les arbres qui y plongent leur ramure, et sous la buée légère, me donne une impression de paysages humides et vaporeux d'Irlande; là-bas aussi, il fait humide et la sève est exubérante. Mais ici, en Guyane, l'effet est inattendu. Aux arbres pendent des lianes torses et des lianes-cordes tombant de cinquante mètres de hauteur; des singes y grimpent, elles porteraient même le poids d'un homme. Il paraît que les bois guyanais sont d'une dureté supérieure à tous les nôtres; quelques troncs sont si pesants qu'ils plongent sous l'eau et encombrent le fond des rivières. Je n'aurais pas cru qu'un climat chaud et humide, où la végétation est si rapide, puisse produire des bois si durs. On s'attendrait plutôt à ne trouver en Guyane que des bois mous et spongieux.

A une heure et demie, nous sommes au petit saut Canory. Nous en passons la première partie en sautant à pied d'un rocher à l'autre, et traversant quelques bras du courant presque à la nage pour décharger les canots que les boys ont de la peine à hisser. Ces rochers sont des granites striés avec des arêtes dures presque coupantes. Il faut les sauter avec précaution. Nos boys ont la plante des pieds durcie à souhait pour ces manœuvres, et pourtant ils s'y prennent avec des mouvements prudents de chats qui craignent d'effrayer des souris.

La seconde partie du saut étant également pénible si l'on ne décharge pas les canots, nous la faisons à pied par un sentier qui passe sur quelques rochers glissants, puis descend dans la forêt sur le sol inondé. Déjà trempés, une averse guyanaise, une trombe d'eau nous achève comme si le feuillage des arbres n'existait pas. C'est un vrai bain, et je ne regrette pas d'avoir laissé mes souliers sous le *pomakary* du canot, ils sont plus au sec. Rien de plus simple, une fois rembarqué, que de changer de mauresque. J'ai dit, je crois, que L'Admiral en a tout un stock, et de toutes les couleurs. Ce vêtement est idéal dans ce pays. « Il ne vous manque, dis-je à Sully, que quelques mauresques aux couleurs d'Arlequin et de Polichinelle, pour danser sur les rochers. Ce serait pittoresque et imprévu dans une photographie. »

Les blagues se croisent et excitent la faconde de M. Dormoy. Il dit que nos mauresques rouges effrayent le gibier, même les serpents. Il prétend qu'il a vu de grandes couleuvres (c'est ainsi que les créoles appellent le *boa constrictor*), qui se réunissaient de façon à faire des ponts entre les îles du fleuve, et des animaux leur passaient sur le corps pour franchir l'eau. D'autres sont si grosses qu'elles surgissent comme des îles au milieu du fleuve. Ce qui est certain, c'est qu'il en est de douze à seize mètres de long et de la grosseur d'un baril (un petit baril, je pense). L'une d'elles a étouffé, un jour, près de Cayenne, un homme à cheval. Une autre fois, la nuit, dans le bois, un homme portait une lanterne pour aller chercher un camarade égaré; une couleuvre lui tomba sur le dos, l'enlaça, et il ne dut son salut qu'à son couteau de poche qu'il réussit à tirer et avec lequel il scia la couleuvre en deux. Un gendarme vit un jour son pied avalé par une couleuvre jusqu'au sommet de la cuisse; heureusement il put alors la tuer et retirer son pied. M. Dormoy est si convaincu qu'il nous convainc aussi, du moins pendant qu'il pérore, mais les pires blagues parmi les précédentes ne sont pas de lui, je dois le reconnaître.

A trois heures et demie, nous sommes au pied du **Grand Canory**, et à soixante-dix mètres au-dessus du niveau de la mer. Les mugissements de l'eau sont autrement violents ici qu'au Mapaou et au Machicou; nous arrivons au plus grandiose spectacle de la Guyane française, et il vaut d'être décrit. C'est pour nous la mi-chemin du voyage en canot.

La rivière fait un brusque détour et nous avons devant nous des cataractes écumantes, quelque chose comme la chute centrale des grandes eaux de Versailles, mais à l'état sauvage, beaucoup plus vastes, plus élevées, plus larges. Les degrés sont faits de rochers irréguliers et tourmentés sur lesquels se penchent les grands arbres, couvrant les pentes des collines qui montent de chaque côté. Ces cataractes s'étendent sur deux cents mètres de longueur et trente mètres de hauteur. C'est un amoncellement de débris de granite en blocs et boulders à travers lesquels les eaux tourbillonnent.

Naturellement, il est de toute impossibilité pour les canots de remonter un pareil torrent. Il faut les décharger à côté d'autres canots *boschs*, qui viennent de déposer leurs chargements le long des collines de la rive droite du Canory. Nous allons être obligés de demeurer ici toute une journée; nous ne serons pas fâchés de la passer à terre et d'aller contempler de près, si c'est possible, les cataractes de ce fameux Grand Canory. Ce joli nom est, paraît-il, d'origine indienne; « il n'a aucune signification, » dit Ernest, de sa voix quelque peu nasillarde.

CHAPITRE V

LE GRAND CANORY

Le sentier suit une pente raide dans un paysage d'une grandeur inattendue; le vert des arbres et des herbes tranche avec le rouge du sol glissant, sorte d'argile due à la décomposition de rochers granitiques dont il reste des blocs avec des veines de quartz d'un blanc très pur. Je me demande comment nos pagayeurs pourront hisser leurs canots sur une pente aussi raide : ce sera leur travail de demain. Pour ce soir, ils monteront seulement les bagages jusqu'à un entrepôt situé au sommet des chutes du Canory.

La pluie nous atteint avec fracas pendant cette course ascensionnelle, mais elle ne nous surprend plus. Ce sol humide et glissant, ces bois ruisselants, ce grondement de la rivière, qui roule en cataractes au pied des pentes, nous font un décor impressionnant et romantique à souhait. Le site est plein de grandeur sauvage. Cette fois, tout le décor des Alpes n'y saurait rien ajouter, et, pour jouir de cette nature, plusieurs fois je redescends le sentier jusqu'aux canots.

Au bord de l'eau, je rencontre nos *boschmen*, ces transporteurs que nous avions distancés sur l'Approuague : ils n'ont pu lutter contre nous avec leurs canots surchargés de provisions pour les placers. Quels efforts ils faisaient derrière nous, enfonçant dans l'eau leurs pagaies comme des forcenés pour nous rattraper! L'aspect est si gauche, d'un cachet si primitif, de ce mouvement de la pagaie! Il semble que l'effort est totalement disproportionné au résultat, et sa violence contraste si fort avec la douceur de l'eau qui court! Les anciens voyageurs en avaient été frappés comme moi, car sur leurs vieux dessins, ils l'ont saisi avec une curieuse exactitude. Rien n'a changé ici depuis des milliers d'années. Ces *boschs* sont les naturels du pays, comme disaient les voyageurs, et ils y sont bien plus *naturels* que nous. Mais peut-être jouissons-nous davantage du paysage.

Le sentier traverse une crique avant d'arriver aux magasins. Ceux-ci sont deux grands hangars ouverts de tous côtés, recouverts en tôle ondulée, entourés de grands arbres, à portée du mugissement des cataractes, sur la pente douce d'une petite colline. Pour éviter les chutes dangereuses des colosses de la forêt, on a abattu les arbres autour des magasins sur un vaste espace, et l'on distingue mieux ainsi le pays aux collines ondulées. Sous la forêt, on ne distingue rien à distance, la pente que l'on suit indique seule si l'on est en plaine ou en collines.

Je monte au delà des magasins pour voir le sommet des chutes. Il n'y a qu'un bassin d'eau bien calme, ombragé entièrement, et où sont amarrés deux canots prêts à repartir. Après la pluie et la chaleur, sous ces voûtes verdoyantes, un bain dans cette eau presque tiède est une jouissance.

Vraiment tout cet ensemble a plutôt l'allure d'un site des Pyrénées que d'un site tropical. Je pense aux Pyrénées plutôt qu'aux Alpes, et au pied même des Pyrénées, car aucun arbre ici ne rappelle les sapins, on dirait plutôt des châtaigners et des noyers; et puis la température est douce, bien que le ciel soit couvert, mais les averses ont une violence inusitée ailleurs. S'il y avait un petit observatoire dominant les cataractes, peut-être attirerait-il les touristes en Guyane. D'en bas, on ne voit qu'une partie des chutes; d'en haut, on ne les voit pas du tout; la forêt les cache entièrement. Quand viendra-t-il des touristes au Grand Canory, la merveille des spectacles de la Guyane française? Je crains que les obstacles ne soient longtemps encore insurmontables. Et pourquoi arranger ces chutes? Ce serait les gâter. On fait cela dans les Alpes, on civilise les chutes et les glaciers, et tout tombe dans la banalité. Quand un spectacle n'a plus de mystère, quand il a perdu l'attrait de la difficulté à vaincre, sa beauté est compromise.

En rentrant aux magasins, je trouve une quarantaine de *boschs* et de créoles installés sous le grand toit, suspendant leurs hamacs d'un côté, leurs vêtements mouillés de l'autre, dans l'espoir du soleil de demain pour les sécher. Sully, Emma et moi, nous jouissons d'un abri spécial, relativement. Il n'est ouvert que de deux côtés, sur la forêt; l'air y circule librement. Le chef magasinier a un réduit fermant à clef pour y entreposer l'or qui arrive des placers, avant de l'embarquer à nouveau. On est honnête en Guyane, car il serait si facile de voler l'or qui court les fleuves et les sentiers! Le magasinier et sa femme nous reçoivent sous leur moustiquaire, et nous offrent du *pippermint* d'un vert éclatant, digne de la forêt vierge.

Pour répondre au pippermint, nous invitons le chef et sa femme à dîner avec nous. C'est ce qu'ils attendaient. Nous leur offrons du punch au rhum, du potage Maggi, de délicieuses petites truites du Canory, du riz cuit à la vapeur, comme en Chine (il n'y a plus que Paris pour manger le riz sous forme de purée fade), des bananes frites, du fromage de Hollande et de la gelée de conserve. Enfin le champagne remplit son office, aussi reconstituant que pétillant et fait pour bavarder. En Guyane, il faudrait que tout le monde en bût; il n'y a peut-être que les gens sages qui s'en privent, mais il y en a peu.

Nous causons des difficultés d'explorer et d'exploiter les mines en Guyane : ces difficultés sont, dans leur genre, aussi grandes qu'au Klondyke. Je ne sais pas pourquoi l'on vante tellement l'endurance et la ténacité du prospecteur américain (des Etats-Unis). Les prospecteurs et les mineurs créoles sont tout aussi vigoureux et ardents. Leur climat humide, parfois fiévreux, est même plus à craindre que l'hiver rigoureux de l'Alaska. Les distances de la côte et des centres habités jusqu'aux mines, sont aussi grandes : il faut trois à quatre semaines, souvent davantage, pour remonter le Maroni, la Mana, ou même l'Approuague, avec des canots chargés de provisions. Les accidents aux sauts, aux rapides, sont fréquents. La forêt a du gibier, mais le mineur ne peut passer son temps à la chasse; il vit de conserves. Les fruits abondent, mais ils sont disséminés; celui qui est occupé à retirer l'or de la rivière ne peut leur courir après sans risquer de perdre sa place. Les plantations sont coûteuses, à cause du déboisement qu'il faut d'abord faire; on ne peut les entreprendre que pour des installations de longue durée; or, les rivières aurifères en Guyane sont le plus souvent étroites; les chantiers d'exploitation avancent rapidement, changent de place, et quand on y revient, en moins d'un ou deux ans, la brousse vierge a poussé.

L'Américain du Nord ne redoute pas non plus les climats chauds; il dit volontiers : « Qu'importe de geler sous le pôle, ou de griller sous l'équateur, pourvu qu'on trouve de l'or? » Mais notre créole guyanais ne lui cède en rien, il a la même philosophie pratique; il rirait sous le pôle, car c'est son avantage sur l'Américain du Nord : il sait rire et conter des histoires.

La soirée est égayée par des causeries, et quand je vais rejoindre mon hamac, j'ai oublié où nous sommes et je cherche sur ma tête les feuilles d'un carbet; au lieu de feuilles, j'aperçois une tôle ondulée. Mais la différence n'est pas grande.

Pendant la matinée du lendemain, le soleil est chaud et dégage de partout une vapeur humide : les effets de nos pagayeurs sont vite secs. Nous profitons aussi du soleil pour sortir et secouer notre linge que l'humidité pénètre au plus profond des *pagaras*. Entre temps, *boschs* et créoles s'entr'aident pour hisser leurs canots le long du sentier. C'est ici qu'on aurait plaisir à utiliser un treuil à bras et des rails en bois. Car les canots s'usent rapidement à force de frotter sur la terre et les roches. Même il faudrait éviter entièrement ce remontage des canots. Il suffirait d'avoir une station de canots au sommet du saut Canory. Il y a une autre raison pour changer de canots : plus on remonte la rivière, plus elle est étroite et sinueuse, et par suite incommode aux canots *boschs*, qui sont très longs. On aurait, à partir du Canory, des canots courts et légers; légers pour pouvoir passer par-dessus les troncs ensevelis dans les rivières, et qui viennent heurter la quille des pirogues. Il paraît que nous en verrons beaucoup, de ces troncs redoutables.

C'est un spectacle que de voir nos longs canots traînés et poussés à bras d'hommes. Devant les magasins, sur un sol plat et humide, ils glissent rapidement. Ici, c'est un jeu, mais dans la montée, on ne plaisantait pas; même M. Dormoy grondait et usait tous ses adjectifs.

Nous partons à onze heures du matin : à peine sommes-nous à quelques mètres du *dégrad* que toute trace du Canory a disparu; le majestueux ravin s'est évanoui, le grondement des eaux, le fracas des cataractes, tout le bruit s'est éteint derrière un brusque contour. Les pagaies seules troublent le silence. Nous avons autour de nous la même vision de rivière encadrée de forêts qu'avant le Canory, sauf que la largeur des eaux est un peu moindre.

Des perroquets verts passent par volées en jacassant; leur vert plus clair tranche sur celui des arbres; des vols d'*aras* rouges viennent les croiser, et c'est une féerie de plumages bariolés. Tous ces oiseaux poussent des cris éclatants comme des sonneries de cuivre; on dirait des cris de paons ou d'oiseaux exotiques de grandes volières. Tout est splendide et grandiose; on rêve... mais il faut déjeuner. Pourquoi cette opération doit-elle se faire prosaïquement au fond des canots? J'aime peu ce système qui rappelle un dîner de prisonniers qu'on passerait à travers un guichet. Le *pomakary* est une prison, et son entrée est un guichet. On n'en peut sortir qu'en rampant sur les bagages accumulés, car les places vides, fort étroites, sont prises par les pagayeurs. C'est qu'il faut gagner du temps. Je vais pourtant m'asseoir derrière le *pomakary*, près de mon Homère debout; et malgré le manque de confort de cette position sur les bagages irréguliers et anguleux, je puis contempler à l'aise le décor tropical dans lequel nous glissons.

A trois heures, nous accostons à la crique Sapoucaye; il faudrait plusieurs heures pour atteindre un autre atterrissage avec des carbets, et le traînage des canots au Canory a, paraît-il, fatigué nos boys. Je crois que c'est une ruse d'Ulysse, je veux dire

d'Homère, pour aller chasser. Il part en effet avec
Sully et le procureur d'un côté; les autres vont
d'un autre côté, et quelques minutes plus tard, ils
rapportent des perdrix, des perroquets et un
hocco. Cet oiseau est une dinde sauvage très charnue. Sans s'en douter, elle porte une poitrine de
chair si épaisse qu'on la rôtit sur le gril comme un
beefsteak. On appelle cela un beefsteak de *hocco*.
C'est délicieux, tendre, parfumé, succulent, comment dire encore? un plat de roi que les menus
royaux ne voient jamais. Croirait-on que les rois
aient des sujets d'envier les boys créoles? Dans
leur for intérieur, ils en ont plus d'un qu'ils savent
ne pas dire. C'est leur devoir. Le beefsteak de
hocco, même décelant un péché capital, est avouable.

Une promenade sous bois me charme toujours le
soir : les lianes, les orchidées aux larges feuilles,
posées sur les branches et les troncs comme du gui
florissant, sont de rares spectacles. Sur le sol, c'est
autre chose : des scorpions, des scolopendres, mille
insectes, mais non pas tous au même endroit, évidemment. C'est à désespérer, je crois, un entomo-
logiste, même courageux, car les variétés guyanaises, jamais étudiées, doivent être pleines de surprises. Mais je préfère lever les yeux vers les
voûtes profondes de feuillages, à travers lesquelles
passe un peu de bleu violacé, vespéral (j'envie la
fécondité d'adjectifs de Dormoy). Et puis, la faute
en est à mon *pomakary*, qui m'avait fait rêver d'une
prison. Heureuse faute! Je pense à l'admirable
chœur des prisonniers de *Fidelio* : « Adieu, rayons

si doux des cieux, il faut rentrer dans l’ombre. » Beethoven en Guyane! mais il a des contrastes si saisissants entre la splendeur des choses, et l’ombre et la tristesse. Ici, l’ombre chante encore : l’autre jour elle était pour moi pleine de cris de mort, de plaintes pour l’existence. Ce soir, elle est pleine de chants d’amour. Car la nuit, tous les êtres ont aussi leur moment de repos. Ils s’appellent de cris amoureux qu’ils savent reconnaître.

Avez-vous jamais entendu dans la montagne ces appels de jeunes gens, ces appels où dans les voix, dans les inflexions, il y a comme de l’amour qui passe? Dans la forêt, il en est de bien plus variés encore, mais nous autres, civilisés, nous en avons perdu le secret, nous ne les connaissons plus. Seuls, quelques-uns, plus sensibles, distinguent les roucoulements des oiseaux en amour, les petits cris des rainettes, que sais-je? La musique cultivée, peut-être trop belle, trop idéale, nous a fait perdre d’autres sensations : le sauvage n’envie pas l’homme civilisé.

Cette nuit, à deux heures, une troupe de petits singes gris et noirs, a entouré nos carbets; ils ont grimpé par-dessus en gambadant. On m’a appelé pour les voir, mais je dormais si profondément, que je n’ai rien entendu. Ces petits êtres sont inoffensifs, même pour les insectes. Ils vivent de fruits, et ne donnent pas de concerts; c’est bon, cela, pour les singes rouges.

Partis à sept heures du matin au jour suivant, nous perdons quelques instants à viser des perdrix, puis un gibier plus important captive notre attention.

— Un *maïpouri*, dit mon Indien.

— Qu'est-ce que cela? dis-je.

Et, au même moment, je reconnais un tapir.

En effet, un énorme animal, sur la rive droite, semble paître tranquillement. Mais il nous a entendus, il nous regarde, et il plonge dans l'eau. Il traverse en zigzag la rivière à la nage sous le feu de toutes nos armes. Sur six balles, trois l'ont atteint; il s'élance hors de l'eau sur la rive gauche, derrière nos canots, et part à fond de train. Nous accostons; quatre boys se mettent à la poursuite du tapir; et nous les attendons, convaincus qu'ils vont en rapporter quelques quartiers.

Mais une demi-heure se passe, et ils reviennent *bredouille*. L'animal les a engagés dans un marais, puis les a dépistés, bien qu'il ait laissé des traces de son sang sur son passage. Je regrette moins le manque de viande fraîche que le sort de cette pauvre bête, destinée sans doute à périr misérablement. Ce *maïpouri* dépassait la taille d'un bœuf, c'est l'éléphant ou l'hippopotame guyanais; il a une petite trompe et il se tient volontiers dans l'eau.

Les tapirs abondent en Guyane. Parfois on les voit s'élancer à deux ou trois ensemble au travers d'un campement de carbets, renversant tout : hommes et hamacs tombent pêle-mêle, ensevelis sous les feuilles de leurs abris. C'est pure inadvertance du tapir, car il n'attaque pas l'homme; mais il voit un espace libre et il charge au travers pour atteindre plus vite la rivière. Surprise désagréable! Ne carbetez jamais sur le passage des tapirs.

Les fleurs et les oiseaux égayent le paysage de leurs couleurs brillantes. Je remarque de grandes fleurs aux étamines jaunes dressées en groupe compact sur un fond de graines écarlates : les créoles les nomment l'*épaulette du soldat*. Elles émaillent les branches d'un grand arbre, et nos boys le dépouillent pour s'en décorer. Des fruits de toute sorte attirent nos regards : le raisin et la goyave sauvages; puis des fruits inconnus, peut-être vénéneux. On ignore, même en Guyane, la qualité des fruits et les ressources de la forêt.

Les aras deviennent de plus en plus nombreux : j'en remarque qui ont à la queue un magnifique panache d'un bleu aussi éclatant que le rouge de leurs ailes; il est, de plus, irisé et vert par-dessous. Des couleuvres, des serpents rouges, des iguanes verts, ceux-ci visibles seulement à un œil exercé comme celui des créoles, apparaissent à travers les plantes verdoyantes et les branches d'arbres. Pour déjeuner, Sully tue un ara splendide et un *hocco*, tandis qu'Homère pêche une carpe à côté de la carcasse d'un caïman. Le caïman guyanais est lourd et paresseux; il n'a rien du terrible alligator du Brésil.

Nous sommes, à cinq heures, au saut Coatta. C'est le nom d'une variété de singes, qui a une colonie dans la crique voisine. On donne aux criques, à défaut d'autre nom, celui du premier animal qu'on y rencontre. Cette nuit, pourtant, nous ne recevons aucune visite des coattas; par contre, vers quatre heures, nous avons une sérénade des singes hurleurs.

Au départ du matin, Homère nous offre une perdrix grise, un *locklot* en créole. Nous passons le saut Coatta de neuf à dix heures, sans difficultés. Il a six mètres de chute sur deux à trois cents mètres de longueur, et nous abordons pour carbeter à la crique Japigny.

Il pleut à torrents : nos carbets sont séparés en deux groupes, à trente mètres de distance l'un de l'autre; chaque groupe est formé de deux carbets, tout l'intervalle est occupé par des buissons et des palmiers épineux. Pour aller et venir, on est doublement mouillé, par la pluie et par les buissons, et l'on s'accroche aux épines. Pendant que le dîner cuit comme il peut sous l'ondée, je cause avec Sully. De la tête, nous touchons presque les feuilles qui couvrent le carbet. Tout à coup Emma nous crie :

— Un serpent sur vos têtes!

Et j'entends comme la chute d'un corps.

Nous nous baissons et je me précipite dans les buissons qui m'égratignent. Mais, tandis que je me dépêtre dans la demi-obscurité qui tombe, songeant à ces « serpents qui sifflent sur nos têtes », Sully, impassible, a trouvé un bâton et tué le serpent, qui tombait, en effet, au moment où je sortais du carbet, cherchant à fuir. Un peu plus, et je lui marchais dessus. Ce pauvre être nous cédait sa place sans combat, réveillé probablement par la fumée de notre feu. Nous autres hommes, nous n'aurions pas vidé la place si bénévolement; et l'on se plaint des serpents! Celui-ci était un serpent rouge, ou serpent-agouti. Il passe pour venimeux.

Sous la pluie retentit un cri d'oiseau au timbre très clair. On croirait qu'il dit, d'un ton vif et mécontent : « Voyons, voyons, » et les créoles l'appellent l'*oiseau-voyons*. Il avertit, prétendent-ils, le gibier poursuivi par les félins. De ceux-ci, le plus dangereux pour les petits animaux du bois, est le *cougouar*. Il rugit plusieurs fois, et puis il s'enfuit en faisant un détour pour aller attendre sur son passage le gibier, l'agouti qu'il a effrayé, car il a étudié la tactique.

Mais alors arrive l'*oiseau-voyons* pour prévenir le pauvre agouti, ce lièvre américain, qui est aussi inoffensif et peureux que le nôtre. Et voilà des milliers d'années que la même comédie se répète, et c'est ainsi que s'éclairciraient pour moi quelques mystères de la forêt si je restais longtemps avec les créoles.

Je m'endors tardivement cette nuit, poursuivi par cette idée que des serpents rampent parmi les feuilles de mon carbet. S'il y en a, à vrai dire, ils ont plus peur que moi, et ne songent qu'à me laisser tranquille. La pluie fait rage, elle crée un lac sous mon hamac, et sur ce lac nagent mes souliers. Les moustiques sont excités par la pluie, et nous empêchent tous de dormir, et même de rêver.

Quand nous repartons, nos canots sont inondés, même sous les *pomakarys*. Mais l'atmosphère tiède compense cet ennui. Il fait si bon vivre dans ce climat : l'énergie se passe d'excitation. La chasse nous fascine et nous accostons la rive. L'Admiral vise un *hocco* au sommet d'un grand arbre. Il croit le voir tomber, quelque chose remue à terre; il tire encore et va chercher sa prise, c'est un *tatou*. Ce petit animal est un porc à carapace rose clair, et dont la queue est entourée d'une gaine en troncs de cône emboîtés l'un dans l'autre, de façon à rester flexible. Le dos seul est noirâtre et s'éclaircit tout de suite. Tout le reste est d'un blanc rosé, en petites écailles dont chacune porte un petit cercle, ou plutôt un hexagone, avec un point au centre; le museau allongé en petite trompe est muni de longues incisives. Cet animal a l'air d'être en porcelaine, on dirait un dieu bouddhique, et il serait ravissant au milieu de bibelots précieux. Mais nous n'avons pas le loisir de l'empailler. Il paraît que sa chair est délicieuse, nous aurons ce soir un excellent dîner.

Mais il s'agit d'abord de franchir le saut Japigny.

CHAPITRE VI

La première partie du saut Japigny, dite *petit Japigny*, nous la passons nu-pieds, parfois dans l'eau, le long du bord, sans décharger les canots : ces bords sont si glissants et escarpés, que tantôt l'un, tantôt l'autre, même Emma, fait une chute.

Mais au *grand Japigny*, il faut tout décharger. La distance à parcourir à pied est presque aussi grande qu'au grand Canory; ignorant ce fait, j'ai laissé mes souliers dans le canot, et je finis par trouver le trajet un peu long pour aller nu-pieds. Heureusement, sur ce sol de terre meuble, il n'y a ni pierres ni épines, ce ne sont que des feuilles mortes et des racines d'arbres. Quant aux insectes, chiques, par exemple, ils vous attaquent sans distinction, que l'on soit chaussé ou non. La chique est si petite qu'elle pénètre partout; inutile de se pavaner en bottes collantes. Nous faisons en somme une charmante promenade qui nous distrait de la monotonie d'être six en canots. Le sentier monte doucement, et le paysage me rappelle curieusement celui de certaines mines sibériennes, où j'ai séjourné quelque temps.

Après midi, nous passons le saut *Bache*, sans descendre ni décharger, à coups de pagaies et de *takarys*. Nous distinguons à gauche le mont Japigny, dont une partie un peu dénudée est couverte de blocs de quartz, débris probables d'un filon. Nous n'avons pas le temps d'aller constater s'il est aurifère, on ne peut pas toujours s'occuper de cela; le quartz que nous avons vu sur le sentier du grand Japigny n'avait pas d'or. Quant aux affleurements de quartz formant les sauts *Milily*, que nous allons traverser, personne n'y a encore trouvé d'or.

Il y a trois sauts *Milily*. Ce joli mot indien n'a, paraît-il, d'après le petit Ernest, aucune signification. Ce petit Ernest a, par moments, des accès comme de colère contre le fleuve. Il le laboure de sa pagaie à coups redoublés; il s'impatiente de notre lenteur. C'est bien l'enfant des bois qui ignore la patience, et surtout il est jeune.

Les deux premiers *Milily* sont très faciles, mais au troisième, la rivière s'étale largement, et les rocs surgissent de partout. C'est un barrage de syénite, une roche granitique extrêmement dure. Nous ne déchargeons pas les canots, mais pour alléger le travail de mes boys, je saute sur un rocher au milieu du fleuve, et de là sur un autre, pensant ainsi franchir le saut. Je remarque que la roche est fort dure, striée, même coupante, et ceci m'explique que nos boys ne vont jamais à l'eau qu'avec précaution. Au bout d'un moment, Sully et Emma m'imitent et bientôt nous arrivons sur le roc principal, qui domine presque tout le saut. Nous franchissons un creux où nous avons de l'eau jusqu'aux hanches, et le canot d'Emma et Sully arrive les reprendre. Le mien est plus loin et pour le rejoindre, je veux franchir un dernier passage. Mal m'en prend, car en sautant sur un roc à fleur d'eau, celui-ci est suivi d'un autre caché dans un creux plein d'eau où je viens plonger : le roc strié et cristallin a tenu à me donner une leçon, car je sors de l'eau plein d'écorchures. La leçon durera au moins autant que celles-ci.

Nous tuons une *maraye*, la perdrix guyanaise, et nous sortons sans encombre du dernier petit saut, le saut *Parépou*, à six heures du soir.

Le tatou cuit au riz est un régal : sa chair est blanche et tendre, on mange même sa carapace intérieure, car il est doublement cuirassé. Ce bizarre animal a quatre ongles aux pieds de devant, et cinq à ceux de derrière. Aussi les naturalistes l'ont qualifié d'*imparidigité;* La Palice sans doute le savait déjà, tout comme ce digne général connaissait un tas de mots scientifiques qui nous ébahissent à bon compte. J'ai un avantage décisif sur bien des naturalistes : c'est d'avoir mangé du tatou. J'ai cet avantage sur La Palice aussi.

Depuis hier, Sully a dans son canot un petit singe, un *tamarin* à longue queue, gros comme le poing, noir comme le jais. Il grignote de tout, nous amuse et nous occupe. Il était dans un canot *bosch* rencontré au saut Japigny, et Sully s'en est amouraché, mais quand nous marchons, il le confie à Emma, qui le soigne comme un fils ; c'est moins gênant qu'un bébé et ça ne crie pas.

Nous campons ce soir au milieu d'un groupe d'arbres dont le tronc est formé de quatre ou cinq contreforts tout à fait plats, en bois très dur. C'est de ce bois qu'on fait les pagaies larges et plates, car sa forme s'y prête naturellement.

Il y a dans le voisinage une fourmilière et un peu plus loin un squelette de *tamanoir*, un animal étrange, grand amateur de fourmis; n'ayant pu en manger, je n'empiéterai pas sur les descriptions des naturalistes; je dirai seulement que sa tête est presque aussi longue que son corps, et que sa langue, effilée et arrondie, a deux à trois pieds de longueur.

Ce soir, M. Dormoy n'est pas content. Il refaisait la toiture d'un vieux carbet encore solide, et ce carbet était assez grand pour quatre ou cinq hamacs. Comme nul n'a voulu l'aider (il ne l'avait pas demandé, du reste), il veut avoir ce carbet pour lui tout seul. C'est bien de l'exigence, exagérée même. Or, voici quelques-uns de nos boys qui pénètrent avec leurs hamacs sous ce carbet sacré. Dormoy se fâche. Ce sont d'abord des cris et des insultes, puis des gestes violents et expressifs; il se frappe la poitrine d'où rejaillit la pluie, car les arbres dégouttent. A la fin, sa fureur est telle qu'il taille les pieds du carbet avec son sabre, et tout s'écroule. Il est nuit, les boys vont s'arranger ailleurs et d'abord ils dînent. M. Dormoy, qui n'a pas voulu dîner avec eux, pend son hamac entre deux arbres et se couche à jeun : tel Achille dédaignait Agamemnon. La pluie arrive et le fait lever. Aussitôt le voilà qui construit un toit léger à son hamac avec deux branches et quelques feuilles. Il est adroit vraiment; aussi, pour le consoler, Emma, munie d'une chandelle, lui porte du tatou dans son hamac. Le voilà heureux, c'est un enfant colère, bouillant et brave; Achille n'était pas toujours amusant.

Nous avons passé cette nuit à faible distance de l'endroit où nous devons quitter l'Approuague pour un de ses affluents, qu'on appelle une *fourca*, en créole. Nous y pénétrons, en effet, le matin vers huit heures. Il n'y a pas un mois qu'on se sert de cette voie pour arriver aux placers du Haut-Mana. Auparavant on remontait l'Approuague un peu plus haut. C'est un chasseur créole qui a découvert ce trajet plus court par la forêt. Par contre, cette *fourca* risque fort de manquer d'eau durant la saison sèche, nous allons le voir.

En ce moment, l'eau est abondante, et nous pénétrons en toute confiance dans l'embouchure étroite de cette *fourca*. C'est tout de suite un changement complet de paysage. Au lieu de voguer sur une large masse d'eau, à découvert sous la voûte du ciel, nous sommes presque constamment sous une voûte d'arbres qui nous abritent du soleil. Je propose d'enlever nos gênants *pomakarys*. Mais Sully m'objecte la pluie, et d'ailleurs les pilotes nous disent que ce soir peut-être nous serons au *dégrad*. Nous verrons bien.

La rivière n'a que six à huit mètres de largeur, parfois moins encore. Fréquemment des troncs d'arbres écroulés barrent le passage; mais avant nous, on les a entaillés, parfois coupés à la hache; les coupures sont encore fraîches. Cependant l'eau a dû baisser, car ces entailles sont bientôt insuffisantes. Il faut les refaire plus profondes, ou bien hisser les canots par-dessus, et je monte à chaque instant sur un de ces troncs, pour alléger le travail de mes pagayeurs, qui sont constamment dans l'eau. On deviendrait amphibie dans ce pays. On tombe, on prend un bain forcé, dans l'eau peu profonde, mais elle est d'une température si douce qu'on n'en ressent presque aucune fraîcheur. Dans les Alpes, on ne s'accommoderait pas si facilement de ces nombreux bains forcés. Ici, c'est le fond de la rivière qui est seul désagréable avec ses troncs et ses branches enchevêtrées, d'un bois plus lourd que l'eau. Ces bois ont des arêtes, des pointes qui blessent, mais l'eau les émousse et amortit les contacts. Il est évident pour moi, d'après cette expérience personnelle, que si les criques guyanaises sont à ce point encombrées de bois encastrés dans la vase jusqu'à plus d'un mètre de profondeur, le travail d'une drague devient impossible. Il faut d'abord détourner l'eau, puis enlever les bois avant de draguer le fond, et alors l'économie due à la drague se trouverait singulièrement détruite. Je ne sais si les grandes rivières ont le même inconvénient.

Sous ces voûtes d'arbres très élevés, on se croirait dans une immense serre, où serpenterait un canal d'irrigation d'assez vastes dimensions pour porter des pirogues de huit mètres de longueur. Parfois la

voûte s'abaisse, et vient toucher, même presser, sur
nos *pomakarys;* ceux-ci deviennent de plus en plus
gênants, mais des averses torrentielles nous rappellent leur utilité au moment où nous maugréons.
Pourtant les chocs et les frottements des branches
les démolissent peu à peu. Des trous apparaissent
au travers, partout, et les lianes qui leur servent
de supports plient et menacent de céder. La pluie
entre par intervalles, et me ferait arracher tout le
pomakary si je n'étais absorbé par une histoire de
Paul de Kock, *Paolo de Koko,* comme l'appelait,
dit-on, Pie IX, qui le goûtait en guise de récréation.
Il est drôlatique et assez naturel, mais il sait être
ennuyeux. C'est Sully qui m'a passé un volume de
cet auteur peu fatigant à lire, et je le donne ensuite
à M. Sésame qui s'y intéresse vivement. Quel rapport y a-t-il pourtant entre la vie des bois et celle
des petits bourgeois de Paris?

La roche se met à affleurer. Les blocs de granite
sortent de l'eau. Homère tue un ara rouge et bleu
dont le bec noir est à demi revêtu d'une peau
blanche; sa queue forme un magnifique panache
vert, bleu, rouge, un peu criard, mais les trophées
sont toujours criards, et je le mets à part pour l'emporter. Chacun ses goûts : les demi-teintes plaisent
aux uns et paraissent fades aux autres.

Nous déjeunons d'un faisan avec des flageolets.
Il n'est guère qu'en cuisine, je crois, où il n'y ait
pas de demi-teintes.

La végétation change d'aspect. La forêt est capri-
cieuse. Certains arbres abondent d'un côté, plus

loin d'autres dominent. Il y a ici beaucoup de *palmiers pinots*, droits et lisses, dont le chou se mange en guise de salade. Puis, c'est tout un groupe de *fromagers* énormes, aux troncs rayés dans le sens de leur longueur. Leur fruit ne vaut pas un fromage, même il ne vaut rien.

Ce sont ensuite des *wacapous*, qui me rappellent un peu les cèdres de Californie, par leur ensemble. Ailleurs, ce sont des *palawas*, des *bois-violets*, des *bois-de-lettres*, dont l'intérieur est moucheté ou rubané de rouge et de noir.

Des orchidées pendent des troncs penchés sur la rivière, comme des lustres fleuris; le sens artistique de la nature a ainsi inspiré celui de l'homme. Celui-ci, à l'origine, n'a fait qu'imiter; depuis, il a idéalisé.

Mais voici d'autres suspensions moins agréables à voir : ce sont de grands nids de fourmis de forme ovoïde, et ces fourmis sont armées de grosses mandibules acérées. Un de mes boys accroche avec son *takary* un de ces nids (on ne peut plus avancer qu'avec les *takarys*), et voilà un tas de fourmis qui tombe sur nous. Les boys se jettent à l'eau pour échapper aux piqûres, et nous débarrassons le canot à force d'aspersions, et en évacuant l'eau où nagent les fourmis. Le *pomakary* est le plus difficile à débarrasser. Il faut l'arroser énergiquement, et il est bientôt aussi mouillé au dedans qu'au dehors.

Le soir du 16 février, nous n'avons pas atteint la moitié du parcours à faire sur la *fourca*. Il faudra encore deux jours, disent les pilotes, avec ces troncs

qui barrent à tout instant le passage. La rivière n'a
que quatre à cinq mètres de largeur, et elle fait de
brusques contours, avec des angles aigus où les
canots virent à grand'peine. Ces contours sont fréquents. Je conclus qu'en été cette voie doit être im-
praticable.

Nous faisons notre campement du soir dans un
endroit resserré, entre des pentes escarpées de vingt
à trente mètres de hauteur. Plus haut, le terrain est
plat, et la forêt s'y déploie. La rivière occupe tout
le fond de ce ravin, sauf un petit espace où se
trouvent deux vieux carbets. Ils sont si déjetés que
Sully ne s'y fie pas, et veut en faire construire d'autres, pendant que je vais seul explorer les pentes.

Quand je redescends, il y a eu, semble-t-il, une
petite dispute. Je ne vois aucun carbet neuf.
M. Dormoy a dû faire des siennes. Je veux suspendre mon hamac dans un des vieux carbets, mais
Sully me dit que nous ferions mieux d'aller dormir
dans les canots. Je ne sais que résoudre : les canots
sont bien mouillés, et les moustiques doivent y faire
rage la nuit. En attendant, je vais prendre un bain
de rivière, cela donnera le temps aux idées de se
rafraîchir, et je vois l'un ou l'autre des boys se
baigner aussi, — ils n'ont pas à se dévêtir pour cela,
— puis traverser l'eau, et revenir avec de grandes
feuilles. Décidément, ils vont construire des carbets.
En effet, quand je rejoins Sully, ils ont pendu mon
hamac sous un carbet neuf. Il n'est rien de tel que
d'attendre. Les créoles n'ont point de mauvais sen-
timents durables, ceux-ci du moins. Voilà treize

jours que nous voyageons avec eux; je commence à les connaître, et justement nous allons bientôt les quitter. Je regretterai leur compagnie.

L'endroit où nous sommes est rempli de *marayes* ou perdrix guyanaises, et notre dîner en tire une saveur pénétrante. Il y a aussi des colonies de singes sur les arbres. Homère les prend d'abord pour des perdrix, car ils sont dissimulés par les branches, et quelques-uns tombent sous ses coups. Il y a je ne sais quoi d'humain dans l'expression de figure d'un de ces petits êtres qui n'est que blessé. Je sens qu'en ce moment il me serait impossible d'en manger : affaire d'habitude, probablement.

Ce n'est peut-être pas notre dernier jour de canotage le lendemain. Au départ, Homère, toujours à l'affût, comme Ulysse, tue à côté de moi un caïman avec du petit plomb. Joë prend son sabre (on appelle ainsi en Guyane une sorte de *machete*, sabre-hache assez court), tire le caïman par la queue et lui applique un coup vigoureux de son sabre sur la tête pour l'achever, puis il le dépose avec précaution dans le canot. Je ne croyais pas le caïman si facile à tuer. Celui-ci est encore jeune, il a quatre à cinq pieds de long. Homère l'a atteint près de l'œil où il est très vulnérable. Nos boys sont enchantés, ils comptent faire un festin et nous faire goûter du caïman.

Le lit de la *fourca* est de plus en plus barré de troncs. La largeur s'abaisse à moins de quatre mètres, et l'eau est peu profonde, quatre pieds, rarement cinq, aux endroits les plus bas. De grosses

fleurs rouges égayent les buissons; c'est la canne
à sucre sauvage. La fleur, entièrement fermée au
sommet, repliée sur sa base, est charnue comme un
fruit. On la mange, mais son goût est fade, si son
parfum est assez doux.

Les boys sont fatigués de *trimbaler* (ce mot est
des leurs) les canots par-dessus les troncs; la besogne est dure. J'en ai assez, moi aussi, car je me
baigne souvent en voulant les aider. Sully, plus
philosophe, allongé à côté d'Emma sous son *pomakary*, regarde nonchalamment ce qui se passe. Il
surveille pourtant, de son air léonin, à la fois bon
et terrible. Plusieurs fois j'ai manié le *tokary* avec
succès, et Sully, finalement, se décide à suivre mon
exemple. Sans cela, il n'en sortirait pas; Emma est
plutôt lourde; je crois qu'elle s'en doute et Sully
aussi. Une fois ou deux elle descend sur un tronc
trop épais que son canot aussitôt franchit avec
légèreté, relativement.

Voilà que Sully se fâche. Les boys, avec le beau
parleur en tête, M. Dormoy, proposent de s'arrêter
pour cuire le caïman et passer la nuit ici même.
Sully ne veut s'arrêter qu'au *dégrad*. La discussion
s'anime, je vois déjà M. Dormoy, froissé de voir
son idée rejetée, parler de se retirer sous sa tente.
Fort à point Sésame nous annonce qu'il sait où
nous sommes.

— A pied, dit-il, je serai au *dégrad* dans deux
heures.

Mais à pied, il évitera les sinuosités de la rivière;
le trajet est plus court.

— Il n'est pas trois heures, dit-il; dans moins de deux heures vous pouvez arriver avec les canots à un sentier d'où vous aurez à peine une heure de marche jusqu'au *dégrad* où sont les magasins.

M. Dormoy fait la grimace; il ne pourra faire cuire que demain son caïman. Sésame part à pied, et les canots reprennent leur marche pénible et cahotante à travers les troncs.

Voici enfin le sentier annoncé, mais il est d'un abord difficile; il y a justement un barrage de troncs et ces troncs ne vont pas jusqu'à la rive. Il faut passer dans l'eau, ce qui d'ailleurs, après un pareil voyage, importe peu. Pour le sentier, Emma et Sully ont des pantoufles en caoutchouc. J'ignorais qu'on pût se procurer à Cayenne ce genre de chaussures; je n'avais pris que des pantoufles en paille tressée, elles ont été détruites du premier jour qu'elles ont touché l'eau. Ce n'est pas ce qu'il faut dans les bois.

Pour de courts trajets, sur la terre molle, avec des criques à traverser, les pantoufles de caoutchouc sont parfaites. Pour de grands trajets, comme ceux que nous allons entreprendre vers les placers, de fortes chaussures, des bottines lacées, sont préférables, et Sully en a qui sont un modèle du genre; ce sont de vrais bottes. Sans cela, l'eau pénètre à tout instant dans les chaussures, et il faut les vider ou leur faire une incision, comme font les chasseurs de canards sauvages. Sully a payé de fréquents accès de fièvre son expérience profonde de l'intérieur guyanais et brésilien : partout il a fait preuve d'endurance, d'audace, de courage et de savoir-faire. Il en a acquis une autorité et une puissance qu'est loin d'avoir le gouverneur de Cayenne. Son caractère égal surmonte toute difficulté. S'il se fâche avec les boys, c'est qu'il a raison. Avec moi, c'est qu'il sent venir la fièvre et que je n'y suis point sujet, aussi j'ai tort, surtout qu'il me gâte. La nuit, par exemple, j'ai un de ses grands hamacs, et lui s'étend dans le même qu'Emma, face à face; ils dorment mal.

Sur le sentier, il y a de grosses cerises sauvages, d'un goût fade. Je rejoins Sully, qui regarde un énorme crapaud :

— Vous ne connaissez pas, dit-il, le crapaud géant? Il a un pied de hauteur. Les couleuvres l'aiment beaucoup, elles l'avalent tout rond. Un jour. j'en ai tué une, toute gonflée de celui qu'elle venait d'avaler. Le crapaud est ressorti vivant, et il est parti en bondissant. C'était vraiment drôle à voir.

Nous sommes bientôt rejoints par plusieurs de nos boys, qui apportent des bagages dont ils ont voulu alléger les canots. Ils ne veulent d'ailleurs amener qu'un des deux canots au *dégrad*, disant qu'ils auront assez de peine, en s'y attelant tous, à lui faire franchir les derniers contours et les troncs d'arbre.

Un son profond, musical et prolongé se fait entendre : on dirait qu'il est produit par un tuyau d'orgue. Il est dû, paraît-il, à un petit oiseau, alors qu'on serait tenté d'attribuer un son si fort, si grave et si long à un gosier de monstre. Cet oiseau a reçu des créoles le nom d'*oiseau-mon-père*. Il a l'air, disent-ils, de chanter la messe. Sont-ils moqueurs! Je me demande si l'on pourrait collectionner un groupe de ces oiseaux de façon à obtenir la gamme complète, mais il paraît que non. Ils rendent tous à peu près le même son. On n'en ferait qu'un unisson plus ou moins bruyant, nuancé. Les boys leur feraient donner le ton à leurs prédicateurs. Evidemment le dieu du bois sauvage ne saurait être le même que celui d'une cathédrale, au moins dans le cerveau qui le conçoit.

Enfin, vers cinq heures et demie, nous sommes au *dégrad*, et nous allons nous asseoir sous les hangars des magasins, où se reposent déjà une quinzaine de *boschs*, dont les canots très longs sont amarrés. Je leur demande comment ils ont pu les faire remonter jusqu'ici.

— L'eau était plus haute la semaine dernière, disent-ils. Elle remontera, car il a beaucoup plu ces derniers jours.

Nous nous en sommes bien aperçus.

Cette fois, nous allons donc quitter la rivière et pénétrer dans la forêt vierge. Toute la Guyane n'est qu'une immense forêt vierge inconnue, peuplée d'animaux sauvages. Quelques rares tribus d'Indiens sont seules établies plus au sud, près de la frontière du Brésil. Personne ne connaît la Guyane.

Nous quittons demain nos créoles : Homère, qui a l'air d'Ulysse voyageur, Joë le jeune Ajax, Ernest aux bras et aux pieds rapides. Je crois que je regretterai même M. Dormoy, bien agaçant pourtant quelquefois. Celui-ci m'apporte un morceau de caïman, en signe de sympathie. Ce n'est pas mauvais, c'est de la chair de poisson un peu épaisse.

En partant, nous donnons à nos canotiers quelques lettres pour les porter à M. Chou-Meng, des provisions pour leur retour sur l'Approuague, et une bonne poignée de main, toute cordiale, et bien qu'ils aient mis Sully de fort mauvaise humeur ce dernier jour par leur lenteur.

Ces créoles mènent une vie pénible, bien que pleine des jouissances de la nature. Leur salaire est assez élevé, mais leur travail dure parfois des mois sans repos ni trêve. Ils vont ensuite, canotiers et mineurs, gaspiller tout leur gain à Cayenne en quelques semaines, à boire du rhum et du champagne. Ils se font des colliers et des ornements avec des pépites d'or, qu'ils revendent ensuite à vil prix pour continuer à boire. A ces goûts, je retrouve le tempérament *yankee* plutôt que français. Est-ce le climat américain qui seul cause une telle transformation du sobre tempérament français ? Non, sans doute, mais les grandes fatigues physiques expliquent partout le plaisir brutal, et font mieux comprendre ces rides précoces, cet air vieilli des jeunes gens. Ils ont fortement usé des peines, des fatigues et des plaisirs, mais ils n'ont pas l'air de rien regretter. Nulle part on ne regrette d'avoir réellement senti le prix de la vie. Tant qu'on a du travail, on l'accomplit. Le travail, c'est une loi dure, c'est une peine, mais c'est la grande jouissance. Le pire qui puisse advenir, c'est le manque de travail. En Guyane, il se passera longtemps avant que cela n'arrive. Mais dans notre vieille Europe, et même aux Etats-Unis, on a déjà de la peine à trouver toujours du travail; ce sera l'œuvre du capital dans l'avenir.

Je ne sais si jamais je reverrai nos créoles de l'Approuague, mais si je reviens en Guyane, j'en reverrai sans doute de tout semblables, aussi gais et insouciants. Pour ceux-ci, ils auront bien vite oublié ce voyage pour ne songer qu'à se sentir libres de chasser et de pêcher.

CHAPITRE VII

Au *dégrad*, les deux magasins sont des hangars couverts en chaume et en feuilles de palmier, et non plus en tôle ondulée, comme à Canory. Ils viennent d'être construits, tout au bord de la rivière, trop près, à mon avis, car sur la pente opposée s'élèvent des arbres immenses dont la chute serait désastreuse pour eux. En Guyane, les chutes d'arbres sont très fréquentes; ils n'ont pas, en effet, de racines pivotantes profondément enfoncées; leurs racines rayonnent et courent à la surface du sol. Si un coup de vent violent incline l'arbre, celui-ci arrache en se penchant les racines collées à la terre, et tombe, entraînant toutes les lianes qui l'ont escaladé et qui, à leur tour, entraînent les arbres voisins auxquels elles sont également agrippées. Ce sont ces chutes qui rendent parfois dangereuses les courses en forêt, bien plutôt que les serpents et les fauves, qui ont peur de l'homme.

Le site où nous sommes est resserré entre des collines et assombri par les grands arbres, car le déboisement n'est pas achevé. On a hésité sur l'emplacement du magasin qu'on avait entrepris plus en amont, mais l'eau de la *fourca* était insuffisante pour y arriver facilement. Nous sommes à 150 mètres d'altitude. Ce soir, sous le hangar principal et les carbets voisins, le spectacle est pittoresque de voir la quantité de hamacs suspendus. Vers sept heures arrivent nos pagayeurs, les uns chargés de bagages, les autres amenant les provisions dans un des canots. Ils ont préféré venir voir leurs amis plutôt que de passer seuls la nuit en forêt : les voilà qui font un grand feu pour rôtir le caïman, ou du moins ses parties mangeables. Avant de nous coucher, le chef du *dégrad* nous offre du pippermint, comme à Canory : il paraît donc que les créoles ont une prédilection pour cette liqueur voyante.

Notre déjeuner du matin se compose d'un rôti de *patira*, variété du *pécari*, ou petit porc sauvage, dont la chair blanche rappelle celle du sanglier. Joë nous apporte un peu de caïman, mais il est froid et n'a pas achevé de cuire; à part cela, c'est de la chair de poisson un peu épaisse. Le petit caïman est meilleur, paraît-il, c'est un régal; le nôtre n'est plus assez tendre.

Vers onze heures, nous nous mettons en route, Sully, Emma et moi, avec six porteurs pour nos bagages, et un guide. Le sentier est à peine fini, mais il est suffisamment tracé pour qu'on ne puisse pas s'égarer. Nous passerons la nuit au magasin abandonné d'amont. Il paraît qu'il n'y a que six ou sept kilomètres, mais à vol d'oiseau; cela veut dire deux ou trois heures de marche. Le sentier est affreusement mauvais; il croise vingt fois la crique, qui est très sinueuse; on passe sur des ponts branlants faits d'un tronc d'arbre non équarri, qui domine l'eau jaune de cinq mètres et parfois davantage, sans appuie-main, bien entendu. Les noirs et les créoles en ont l'habitude, et leurs pieds nus s'appliquent mieux aux rotondités du bois que nos souliers ferrés. Je passe l'un ou l'autre de ces ponts à califourchon, mais Emma et Sully les passent debout, et cela m'encourage. Je dis à Sully de me couper une perche avec son sabre, j'aurai ainsi un appuie-main. Par malheur, en coupant ma perche, Sully heurte de son extrémité un nid de mouches suspendu en l'air. Plusieurs de celles-ci, furieuses sans doute d'être dérangées, s'attaquent à moi, passent sous ma veste de toile légère et me piquent comme des guêpes. On les appelle des *mouches-chapeau*, peut-être à cause de la forme de leur nid. Il y en a, paraît-il, de plus terribles, appelées *mouches-tatous* et *mouches-tigres*. Je me contente des mouches-chapeau, qui payent de leur mort leur agression. C'est une première expérience des petits désagréments de la forêt vierge, ou du bois sauvage, comme dit Kipling, *du bois*, comme disent les Guyanais.

Cependant, avec ma perche, je passe debout sans encombre, mais non sans appréhension, le grand tronc d'arbre qui sert de pont. On n'est pas habitué en France à faire des exercices d'équilibre; on a tort, évidemment, mais la civilisation a envahi même les montagnes et les glaciers; on paye déjà pour risquer des dangers : en Guyane, ce plaisir est gratuit.

« Pour faire face aux mauvaises mouches, me dit Sully, il suffit de serrer les dents et de se contracter les muscles de la face, sans bouger. Alors elles ne peuvent plus vous piquer. C'est ainsi que les gens du pays les détruisent quand ils en trouvent des nids au voisinage de leurs cases, aux placers, ou quelquefois dans les vieux carbets. Ils s'enduisent la figure avec leur sueur, serrant les dents, contractant leurs muscles, et ils vont empoigner le nid avec leurs mains nues! Ils le déchiquettent en morceaux, et le jettent au feu sans qu'une seule mouche ose les piquer. La mouche-tigre est la plus terrible. Sa piqûre est venimeuse et fait enfler. » Le voisinage de ces mouches et le passage des ponts dans le vide font que je ne commence pas cette pérégrination dans le bois sans une certaine appréhension de l'inconnu, qui est un charme de plus.

Nous voici au magasin abandonné. Il y a un vaste espace déboisé tout autour. Comme il n'est que deux heures et demie, nous voudrions aller plus loin. Le guide nous dit qu'il y a de vieux carbets un peu en amont; aussi après quelque repos au soleil, qui est chaud dans cette clairière, nous repartons. Sous la forêt, il fait bon, sans faire frais; je retrouve avec délice cette température presque voisine de celle du corps humain, où l'on n'éprouve nul besoin de vêtements. Mais le commerce a trouvé qu'il fallait en vendre aux nègres d'Amérique comme d'Afrique, et même aux Peaux-Rouges : ceux-ci y sont les plus réfractaires cependant. Un nouvel exercice d'équilibre sur un tronc bien mince pour sa longueur, et un moment de marche nous conduisent aux vieux carbets. Il y en a deux, et sous l'un d'eux, il y a des mouches-chapeau. Nous nous gardons bien de les déranger, je n'ai pas assez de confiance dans le procédé créole.

L'eau de la crique, à côté de nous, est plus limpide que d'habitude. Un bon bain nous remet de la fatigue du jour, et nous préparons notre dîner. Je dis « nous », comme la servante du curé disait : « Nous confessons. » Mais quand on a un boy comme Sésame, un chasseur comme Sully, une femme comme Emma, il n'y a évidemment qu'à les regarder faire; on les gênerait en s'agitant comme la mouche du coche. Leur expérience me manque, et je vais rester si peu de temps en Guyane, que je n'aurai pas le temps de l'acquérir.

« Il y a des vampires par ici, dit Sésame, comme un peu partout dans le bois. » Je ne m'en étais pas douté une seule fois pendant nos treize à quatorze jours de rivière. Mais ici ces bêtes sont plus fréquentes, et il faut s'en garantir par un moustiquaire. Nos boys des canots en avaient. Comme je n'en ai pas, je ramène soigneusement sur moi un pan de mon grand hamac à franges, et, là-dessous, j'écoute des histoires de vampires. L'orateur est Sésame, qui travaille à un petit *pagara* pour y mettre le gibier. Les porteurs sont restés au magasin abandonné et nous rejoindront demain matin, avant notre départ.

Il paraît que le vampire si redouté n'est pas le

grand vampire. Celui-ci, qui existe aussi en Guyane, n'est pas dangereux. Le vampire suceur de sang est de la dimension de nos chauves-souris, même plus petit, et leur ressemble exactement. Il aime surtout à sucer le sang des pieds, sans doute parce que c'est la partie du corps la plus exposée des dormeurs; il est bien rare qu'il touche à la figure, sauf à l'oreille, mais il ne peut faire grand mal à cet organe. Le pis qui puisse advenir, c'est que le vampire coupe une artère, car il arrive que le sang coule fort longtemps après le départ de l'animal, qui n'en suce que très peu, et le dormeur qui ne sent pas la piqûre peut être épuisé pour longtemps par la perte de son sang. Sully cite un créole piqué au nombril et qui faillit en mourir, mais je me demande ici si ce n'est pas la blague créole qui l'emporte. Ce qui est certain, c'est que la morsure au pied est fréquente. Le vampire tournoie d'abord quelque temps au-dessus de la tête de sa future victime pour l'endormir par le frôlement de ses ailes, ou bien pour s'assurer qu'elle est bien endormie, puis il se met à sucer le sang sans causer la moindre douleur. Il paraît que la chauve-souris en ferait autant si elle se trouvait avec des vampires; ce n'est que l'habitude qui lui manque. A défaut de moustiquaire, on garde souvent une lampe allumée, et cela est indispensable lorsqu'on a du bétail ou des chevaux. Comme nous n'avons ni feu ni lampe, je me couvre autant que possible, et je m'endors en songeant aux blagues créoles, bien que le vampire n'en soit pas une.

Demain nous partirons de bonne heure pour être dans l'après-midi aux criques aurifères. Nous sommes au fond de la Guyane, au milieu de la forêt vierge tropicale, dans un pays qui a sauvagement gardé sa splendeur primitive.

Je ne connais pas de paysage dont la photographie soit aussi impuissante à donner une idée que de la forêt vierge tropicale. Les paysages y semblent être toujours les mêmes, les collines ne sont que peu élevées et les grands arbres les cachent à la vue, le genre de pittoresque de nos pays de montagnes manque totalement. Le merveilleux se trouve être ici dans l'immense variété des essences, des fleurs et des fruits, et dans la vaste étendue mystérieuse, inconnue, qu'on sent autour de soi à grande distance, dans les bruissements des insectes, des animaux; dans le souffle du vent au-dessus de sa tête, que l'oreille perçoit, mais qu'on ne sent pas; dans les rayons du soleil à travers les feuilles, jusque sur le sol toujours humide, dans les traînées d'eau à travers la forêt et qui, dans la tiédeur de l'atmosphère, font exhaler des odeurs inconnues. Ce sont les troncs géants étendus sur le sol et dressant leurs racines vers le ciel; d'autres les ont déjà remplacés, sous l'exubérance de la sève tropicale. Ce sont les criques sombres pleines d'eau jaune presque immobile que traversent à tout instant des troncs écroulés facilitant le passage des animaux. Tout cela est dans un demi-jour créé par les cimes feuillues des grands arbres, et si différents qu'ils soient, on ne les distingue que lentement : c'est le bois

violet, le bois de rose, l'ébénier vert et l'ébénier
noir, le bois serpent, le bois d'encens, je n'en finirais pas, et je préfère les décrire à part. Sur leurs
branches, ce sont les mille oiseaux de couleur, des
perroquets verts aux aras rouges et aux aras
bleus, et, tout à l'entour, c'est la senteur des bois,
depuis le parfum de rose, de lilas, d'encens,
jusqu'à l'odeur repoussante des fleurs du palmier
maho. Devant un tel ensemble, une fête si complète pour tous les sens, la photographie est impuissante. Il faut se borner à dire ce que l'on voit
défiler.

Donc, nous partons à sept heures du matin,
l'heure régulière où le soleil paraît, et tout de suite
nous gravissons une colline qui n'est visible que
lorsqu'on y arrive. Puis le sentier décrit une ligne
sinusoïdale interminable, aussi bien dans le sens
horizontal que vertical, à travers des criques elles-
mêmes sinueuses, et des collines tantôt à faible
pente, tantôt assez raides, toujours sous l'ombre
de la forêt. Après un long parcours horizontal où
l'un ou l'autre de nous manque plus d'une fois de
s'égarer en cherchant un tronc pour passer une
crique, commencent des collines plus hautes. Il
nous semble aussi que la direction de l'eau dans les
criques, a changé de sens; elle va maintenant vers le
sud, et il paraît, en effet, que ce sont des affluents
de l'Inini, et non plus de l'Approuague ou du Sinnamary. Leur gravier est formé de quartz brisé, et
voilà aussitôt l'idée qui se présente à nos boys de
chercher de l'or dans ce sable; mais nous n'avons

pas le temps de prospecter. A ces criques, l'altitude dépasse deux cents mètres.

Les premières hautes collines, de soixante-dix à quatre-vingts mètres, nous les passons allégrement, bien que le sol soit glissant. La chaleur du soleil ne nous atteint pas; la température tiède ne nous fatigue pas, malgré notre marche rapide; mais je reconnais l'avantage de l'ample mauresque qui laisse circuler l'air autour du corps, c'est à peine si l'on transpire. On recommande l'exercice en Guyane, et l'on peut, en effet, s'y livrer sans crainte. C'est aussi le meilleur moyen de combattre l'humidité : la chaleur du corps et le sang en mouvement l'empêchent de pénétrer.

Emma, après plusieurs collines, se plaint d'être épuisée de fatigue; elle invoque sa mère en gémissant, avec des expressions créoles imagées. Je l'assure que cet exercice lui fera du bien en la faisant maigrir, mais elle ne paraît pas s'en soucier.

Nous passons successivement, dans cette région qui sépare les eaux de l'Inini de celles de l'Approuague, dix collines de soixante à cent mètres et plus de hauteur au-dessus des criques. On appelle cela des montagnes en Guyane. Au total, cela fait vraiment une montagne. Le guide a beau nous répéter : « Plus que trois montagnes, plus que deux montagnes... », nous n'en croyons rien, et nous faisons halte, autant pour manger, car il est midi, que pour laisser reposer Emma. Il y a ici un carbet qui a servi aux déboiseurs du sentier, et nous y faisons notre troisième arrêt, mais les deux autres étaient fort courts, de dix minutes à peine. Nous avons vu défiler des arbres variés : le *balata*, au grand tronc droit et lisse, qui donne une gomme comme le caoutchouc; Sully en fait couler en entaillant l'écorce avec son sabre; puis c'est l'*acajou*, homogène et sans défauts; le *jambe-chien*, formé d'une douzaine de troncs partant de terre pour se réunir à huit ou dix pieds de hauteur; le *patawa* et le *comou*, deux variétés de palmiers noirs, très durs, un beau bois d'ornementation : de ces arbres, l'un s'appelle le *lettre-moucheté*, il est violet et noir, et l'autre le *satiné-rubané*, violet-rouge. Leur nom vient de ce qu'on les a employés pour faire des caractères d'imprimerie, à cause de leur dureté. Tous ces palmiers ont des amandes. Voici le palmier *maho*, dit *maho-caca*, en créole, dont la fleur, qui jonche le sol, a l'odeur d'un champignon pourri. Chaque fois qu'il s'annonce par son odeur, on se hâte et l'on passe rapidement. Cet arbre est peut-être intéressant, mais il a tort de se permettre une odeur aussi peu civilisée, d'où l'énergique expression créole.

De la plupart de ces arbres pendent des lianes, les unes droites, les autres torses, quelques-unes grosses comme le bras, et même la jambe, assez solides pour qu'on puisse y grimper comme à des cordes. Mais toujours une chose me gêne dans cette course de vingt-cinq kilomètres, à vol d'oiseau, c'est la traversée des criques. Malgré la perche, le *takary* dont je suis muni, cet exercice d'équilibre me cause chaque fois un moment désagréable. Les troncs sont arrondis, glissants, parfois en train de pourrir; plus d'une fois, il m'arrive de passer à califourchon, quand même je vois Emma passer le corps bien droit, avec un panier en équilibre sur sa tête. Elle a des pantoufles en caoutchouc, mais elle les ôte pour passer les ponts. Si je triomphais sur le sentier, elle triomphe sur les criques. Sully en a tellement l'habitude qu'il ne quitte même pas ses bottines de chasse; il va avec précaution tout de même.

Plus nous approchons du but, plus les collines sont hautes. « Plus qu'une montagne, » dit le guide. Les précédentes contournaient plus ou moins les criques, puis montaient brusquement sur le dos arrondi du sommet. Cette dernière n'en finit plus; on a découpé des marches de géant sur le sol boueux et glissant, et des branches d'arbres les consolident. Mais Emma ne peut les gravir qu'aidée de l'un de nous. Puis ce sont des blocs de granite, qui rompent la monotonie de la forêt. Et ces blocs sont moussus, l'humidité les ronge. Il y a des espaces un peu découverts, la crique devient torrent, même cascade autour des blocs de granite. Le site prend un air romantique rappelant ceux des Alpes suisses. Mais il y a toujours l'ombre de la forêt, et les sapins manquent. C'est plus sombre, plus sauvage que les Alpes, et c'est exubérant de vie, avec des détails trop fins dans la pénombre; j'admire les *maripas* aux feuilles lisses et leurs frères aux feuilles épineuses, qui remplissent le sous-bois de leurs formes sveltes.

Dans une éclaircie, apparaissent en plein soleil des sables blancs aveuglants : je reconnais le déboisement, l'œuvre de l'homme; nous arrivons aux premiers placers. Ces sables sont ceux qu'on a déjà lavés pour en retirer l'or, c'est du quartz, les mines ne sont pas loin. Il est près de deux heures quand nous rencontrons la première équipe de mineurs; la crique qu'ils lavent s'appelle *Nouvelle-France*. Il y a exactement six semaines que nous avons quitté la vieille France. Le placer sur lequel nous nous trouvons s'appelle *Souvenir*.

Placer Souvenir. — Comme il est encore de bonne heure, nous avons le temps de visiter l'une ou l'autre des quatre criques qui sont en exploitation en ce moment. Mais auparavant nous allons nous annoncer au chef de l'établissement Nouvelle-France. En Guyane, on appelle établissement l'agglomération des huttes où habitent les mineurs, au point le plus favorablement situé pour centraliser l'exploitation d'un certain nombre de criques. Les criques, comme je l'ai dit, sont des cours d'eau. On déboise, à l'endroit choisi, un espace assez grand pour y construire cinquante ou soixante huttes, ou davantage, suivant l'importance du champ aurifère.

L'établissement se trouve ici au bord de la crique principale et s'étend en pente ascendante assez forte sur le versant d'une colline. Il est à trois cents mètres d'altitude. Le village a de petites rues rectangulaires, séparant les huttes couvertes en chaume et feuilles de palmiers; les parois des huttes sont faites d'un entrelacement à jour, en longues la-

melles de bois dur, légèrement flexible. La hutte
directoriale, située au sommet du village, est un peu
plus grande que les autres, mais c'est tout ce qui
la distingue. Au lieu d'une ou deux chambres, elle
en a trois : celle du milieu, entièrement ouverte de
face et d'arrière, sert de salle à manger. Une véranda, ou plutôt une galerie, abritée par l'auvent
de la toiture, fait face au village. Les deux autres
chambres sont des chambres à coucher. Deux petites huttes voisines servent de cuisine et de salle
de bains.

Il n'en faut pas davantage pour se loger à un
directeur de placers. Celui-ci, M. Lacaze, est si
actif à sa besogne qu'il en oublie de manger. Il attache beaucoup moins d'importance à sa nourriture
qu'à la quantité d'or qu'il trouvera au bout de sa
journée. Aussi il est fatigué, et il a besoin d'aller
passer un mois ou deux à Cayenne.

Il est en train de dîner ici avec ses quatre chefs
de chantier. Tous se lèvent, nous serrent la main,
et c'est à qui se montrera le plus obligeant. De la
galerie, nous dominons tout le village de huttes; au
fond, dans la crique, apparaissent les tas de sable
lavés, éclatants de blancheur, et se prolongeant au
loin entre les pentes couvertes de bois immenses.
C'est pittoresque, mais ici encore la photographie
ne saurait rendre l'étendue de la perspective ; la
seule vue pittoresque serait celle du village, dont
les cases se serrent comme étouffées dans cet
océan de grands arbres qui recouvrent le pays tout
entier. Cependant l'espace a été un peu déboisé au

delà des cases pour permettre de faire quelques plantations de *manioc*, la nourriture favorite des Guyanais, qui la trouvent moins échauffante que le maïs et même que le pain.

Pour la nuit, on nous offre des lits : ce sont des planches avec un peu d'herbe par-dessus, et je regrette mon hamac. Le souvenir de mes nuits en Sibérie me fait penser que je m'habituerai vite à ces planches. Un ennui plus grave, c'est qu'il y a des vampires, et qu'il faut garder à côté de soi une lampe allumée.

Le lendemain, nous prospectons diverses criques et chantiers en travail, et je puis constater que dans les parties non encore exploitées, le chef de l'établissement n'a point exagéré la teneur en or, du moins pour les premiers mois à venir. Les *batées* de prospection sont fort belles. Il semblerait que ces créoles exubérants dans leurs expressions de façon à rendre incroyable ce qu'ils disent, ne le sont plus dès qu'il s'agit d'une chose sérieuse, comme ces prospections qui sont la garantie de l'avenir et la raison d'être de l'exploitation. L'avenir à longue distance est plus difficile à prévoir, car les criques s'épuisent rapidement; il faut donc en chercher sans cesse de nouvelles dans la région.

Nous avons à déjeuner un *ananas* frais, cueilli devant la maison; il est délicieux. Il paraît que l'ananas des bois, qui est rougeâtre, a plus de goût encore, bien qu'il soit un peu moins fin. La fraise n'a pas plus de parfum, et je comprends fort bien qu'on compare l'ananas à une fraise géante; il est aussi tendre, et n'a pas ces fibres ligneuses que nous connaissons dans l'ananas de conserve.

Nous partirons, après midi, pour l'établissement central du placer Souvenir. En route, nous prospectons deux criques qu'on tient en réserve pour l'avenir. Le directeur général du placer, M. Beaujoie, est venu nous rejoindre. Bien que souffrant de la fièvre, il est plein d'entrain. C'est un vieil ami de Sully, et l'on ne cause plus qu'en créole. Je ne trouve plus moyen de parler français.

Il y a de grosses montagnes à traverser pour aller au Central, des pentes raides et glissantes interminables; ce pays est une série de bosses, dont l'une commence quand à peine l'autre est finie. Les sommets ne sont pas longs; la descente suit de près la montée; les rocs sont fort rares : on ne rencontre que des blocs isolés, des restes d'éboulements; par contre, les troncs écroulés sont fréquents et obligent à des détours incessants.

Notre prospection est heureuse; nous y passons près de deux heures, et puis nous reprenons notre course pour arriver à cinq heures et demie au Central. Nous avons vu en route le *muscadier* et cueilli des noix muscades. Leur seul avantage, pour nous, est de compléter ce qu'il faut pour une *marquise*, ce mélange exquis de champagne, de vanille et de citron. C'est une excellente boisson après une course. Les mineurs ne s'en privent pas. Après tout, quand on gagne de l'or, il faut savoir s'en servir.

Nous sommes toujours à 300 mètres d'altitude, et l'établissement central a le même aspect que celui de Nouvelle-France, mais il y a davantage de plantations : manioc, canne à sucre, maïs, bananes et patates. On est si loin de tout ici! Il faut quatre semaines pour venir de la côte au placer par la Mana. Le trajet par l'Approuague, nouvellement découvert, raccourcit de dix à douze jours. M. Beaujoie est un homme prévoyant. Il y a déjà plusieurs années qu'il a commencé ses plantations.

Sur la galerie de la case directoriale, on jouit d'une vue un peu plus étendue qu'à Nouvelle-France. On distingue, à peine esquissées, il est vrai, les croupes de trois collines, la dernière en arrière des autres, ce qui élargit la perspective; elle est tout de même bien bornée.

L'endroit, avant de recevoir le nom qu'il porte, s'appelait *Bouche-Coulée*. C'est une expression créole appliquée à une histoire que voici brièvement. Le premier exploitant de ce terrain n'avait pas pris de précautions suffisantes pour le délimiter. Lors du bornage officiel, il se trouva dépossédé par son voisin plus habile, le possesseur actuel. Furieux, il demanda à celui-ci une indemnité d'un million de francs. On ne se douterait pas que la vie dans les bois met en jeu des sommes si imposantes. Le procès, perdu à Cayenne, alla jusqu'en cassation et là encore l'arrêt fut contraire à l'ancien exploitant. Il perdit tout, terrain et indemnité, et en fut si stupéfait que la *bouche lui en coula*. L'expression créole, vigoureuse et imagée, traduit bien le désappointement ébahi. Cette langue a bien d'autres trouvailles heureuses, qui vaudraient d'être notées.

Nous passons une huitaine de jours ici à visiter les chantiers et à faire des prospections. La seule chose déplaisante est le voisinage des vampires la nuit. Il faut une lampe, car je n'ai pas de moustiquaire. Or, la lampe attire les moustiques, et ceux-ci empêchent souvent de dormir. Je ne puis suspendre mon hamac, car la chambre n'est pas assez grande. Cependant on a augmenté ma ration d'herbe séchée pour adoucir mon lit et je finis par y dormir confortablement, bien qu'avec un casque sur ma figure, pour écarter ces ennuyeux vampires.

La crique principale renferme des blocs de quartz, quelques-uns aurifères. A la jonction d'une crique latérale, il y a des quartz à veines jaunes et bleues extrêmement riches en or. La colline qui sépare ces deux criques est parsemée de blocs de quartz, mais le sol est formé de roche décomposée, jusqu'à une grande profondeur. Des fouilles, profondes de plusieurs mètres, ne rencontrent pas la roche solide intacte.

J'ai la chance de n'avoir presque pas d'averses pendant mes prospections. Mais la pluie prend sa revanche la nuit, et la lune approche de son plein; on dirait donc que *la pluie suit la lune*, suivant le dicton créole. Le soir, nous prenons un *tub* d'eau parfumée aux herbes aromatiques et tiède. Il faut cela quand on se fatigue; en Guyane plus qu'ailleurs, la propreté c'est la santé.

CHAPITRE VIII

AVENTURIERS DE MINES

La Guyane, comme tout pays de mines, a eu et a encore des aventuriers. Comme toute autre industrie, les mines d'or ont des avantages et des inconvénients. Peut-être ont-elles des soubresauts plus brusques que les autres industries. Elles font d'immenses fortunes, et en défont d'autres non moins rapidement. Pour un heureux, elles font bien des malheureux. Il est fort dangereux de jouer avec elles, mais elles sont tentantes comme une loterie qui a de très gros lots.

L'avantage d'ordre général que possèdent les mines, et surtout les mines d'or, c'est que seules de toutes les industries, elles apportent dans le monde une richesse nouvelle qui n'existait pas auparavant. Tandis que les usines, les manufactures, le commerce, ne font que transformer la matière en circulation, les mines renouvellent cette matière; elles créent, non pas avec rien, mais avec quelque élément invisible, tant il était profondément caché.

Cependant, depuis quelques années, le courant des affaires semble peu favorable aux mines. On les accuse de tant de désastres financiers, de tant d'illusions trompeuses. Mais si l'on se plaint d'elles, elles, en revanche, pourraient se plaindre d'être bien mal comprises et bien mal traitées.

Les fameuses mines du Rand, au Transvaal, si riches, si régulières, sans défauts, car elles avaient tout pour elles, ont fait surgir un fléau bien inattendu pour des mines : la guerre, et cette guerre a coûté si cher, qu'au lieu d'en tirer un bénéfice, les mines y perdront, sans parler de leur interruption pendant quatre à cinq ans. Les actionnaires seraient-ils en droit de le reprocher aux mines elles-mêmes?

Je connais une mine d'or où, après avoir mis plusieurs années à préparer l'exploitation, on a broyé du minerai pendant trois jours, et comme le résultat était faible, on a tout abandonné sans retour. On a peut-être eu raison, mais il fallait d'abord étudier la mine. Ailleurs on fait les travaux dans des conditions de prix absolument anormales, alors qu'une mine doit être conduite avec économie avant tout.

Ailleurs encore, on fait exécuter des travaux, et on ne les paye pas, jetant le discrédit sur l'entreprise; on envoie en Guyane des ingénieurs qu'on ne paye pas, et l'on organise les affaires sur des bases financières où chacun cherche à duper son partenaire : la mine a bon dos; pourtant, on arrive ainsi à lui casser les reins. On dirait qu'il s'agit d'un être vivant.

Nous causions un soir, à Souvenir, Sully,

M. Beaujoie et moi, des aventures de mines que chacun connaissait plus particulièrement.

M. Beaujoie, qui avait commencé par l'histoire de Bouche-Coulée, nous conta ensuite les coups merveilleux des célèbres Guyanais : Vitalo, Pointu, etc., qui récoltaient de magnifiques pépites, faisaient fortune, puis, à force de tenter la chance, finirent par se noyer sous les sauts et les cataractes de l'Approuague et de l'Inini, avec leurs magots. On a en vain essayé de curer ces sauts. Ce sont là des tombeaux dignes de ces vaillants chercheurs d'or.

— On vole très peu l'or en Guyane, ajoute M. Beaujoie; cependant j'ai vu rentrer un jour à Cayenne un jeune homme qui déclarait à ses bailleurs de fonds que la malchance l'avait poursuivi, et qu'il n'avait pu réaliser que 4 kilos d'or. Cela couvrait tout juste les frais de l'expédition et l'on allait s'en contenter, quand un marchand de Cayenne vint raconter que ce même jeune homme lui avait offert, la veille, 9 kilos d'or au prix du *maraudage*, c'est-à-dire pour la moitié de sa valeur. Naturellement on arrête le pauvre garçon; il avoue et pour éviter le tribunal, renonce à la part qui lui revient dans ces 9 kilos d'or. Il repart pour son placer, et peu de jours après, on apprend qu'il avait déjà vendu en route 7 kilos d'or à Saint-Laurent du Maroni.

Ainsi, sur 20 kilos d'or, il en rapportait 4, mais c'est un fait très rare.

— Vos aventures sont simples, dis-je à M. Beau-

joie, elles sont les mêmes en tous pays de mineurs de
rivières, en Californie, en Alaska. C'est le droit du
plus fort ou du plus rusé, d'Achille ou d'Ulysse.
Nous avons en Europe une vie plus compliquée;
c'est avec des gens, des types, des caractères, qu'on
a à lutter, beaucoup plus qu'avec des difficultés
naturelles. Les aventures sont différentes.

J'ai connu en Bosnie un type d'aventurier plein
d'énergie et fort intéressant. La Bosnie venait de
s'ouvrir à la civilisation par l'occupation autri-
chienne. Un jeune Dalmate italo-slave, nommé D...,
ayant une petite fortune, vit là une occasion superbe de prendre des concessions de mines en Bosnie, où le gouvernement turc, depuis des généra-
tions, interdisait le travail des mines. Ce gouvernement avait peur des grandes fortunes. Le
jeune D... voyait juste. Il organisa une expédition
en Bosnie, dépensa presque tout ce qu'il avait, et
muni enfin de concessions en règle, il alla à la
recherche des capitaux pour l'exploitation. A
Vienne il ne réussit pas; il vint à Paris.

C'était un homme adroit et intelligent, pourtant,
malgré sa rouerie slave, un peu naïf. Il se présen-
tait trop bonnement avec des affaires assez bien étudiées, et même ces affaires étaient réellement sa
propriété personnelle.

Vous croyez que c'est la bonne manière d'agir
en Europe, celle-là? Détrompez-vous. C'est de la
naïveté. On y perd son argent. Le capital se défie;
il veut gagner à coup sûr. Or, le propriétaire d'une
mine en a trop vu les difficultés, et il ne peut s'em-

pêcher de les dire. Il épouvante le capital. Et puis un Slave à Paris, c'est un personnage équivoque.

Pour comble, D... s'aboucha à Paris avec un malheureux lanceur d'affaires qu'il prit pour un grand capitaliste, et qui, en réalité, était dans une misère à peine dorée. Ce dernier, de son côté, crut à la fortune future et même actuelle de D... C'était à qui des deux éblouirait l'autre par ses rêves, et chacun se mettait pour l'autre en frais de costumes. Cependant les capitalistes, mieux au courant, riaient. Et la déconvenue de D... fut complète.

Il perdit ses dernières ressources, et même je vis vendre en Bosnie ce qui lui restait, ses meubles, ses chariots de minerai, ses selles, ses chevaux, et, parmi ceux-ci, une jument magnifique pour laquelle il avait une passion. C'était navrant. Cet homme avait des dettes; ses créanciers le poursuivirent. Il écrivit des lettres si sincères et si désolées, si pleines de bonne volonté, que certains en furent désarmés. Ce n'était point une canaille, bien loin de là. Il avait cru aux mines de Bosnie, et sa croyance fut justifiée dans la suite pour l'une au moins de ces mines, car elle est en exploitation encore actuellement. Une autre, depuis douze ans, est encore en voie de développement.

Pourtant D... ne réussit pas à trouver son capital. C'est bien plus difficile, je vous assure, que de trouver une pépite en Guyane.

— A mon tour, dit Beaujoie, je sais une histoire fort curieuse qui s'est passée près d'ici au contesté franco-brésilien. Vous me permettrez seulement de ne vous dire avec précision ni le nom ni l'endroit. C'est d'ailleurs sans importance.

Il y avait donc, dans ce fameux contesté que la France n'a pas su conserver (l'Amérique aux Américains, qui sait!), des placers extrêmement riches. Des mineurs d'ici, de Cayenne et des Antilles, y ont fait des fortunes. C'était tout récemment. On a bien tiré cent millions d'or d'un endroit pas plus grand que la ville de Paris. Un lanceur d'affaires, comme vous dites, passa par la Guyane et le contesté, et alla proposer une affaire à Paris. Cette affaire n'était point à lui, à l'inverse de celle de votre D... Aussi sut-il la faire *mousser*. Savez-vous quel argument principal il donna pour frapper ses gens? L'absence de toute loi dans le contesté franco-brésilien. On n'avait qu'à prendre le terrain; rien qu'une commission à payer.

On prit le terrain, et pour s'établir suivant toutes les règles conseillées par des ingénieurs expérimentés (en Europe, mais non en Guyane), on fit un chemin de fer de cent kilomètres pour aller aux placers. Comme s'il fallait un chemin de fer pour transporter de l'or! Et quant à transporter des dragues là-bas, vous voyez vous-mêmes qu'il faut y regarder à deux fois avant de le proposer.

Par économie, on fit ce chemin de fer du système monorail : un seul rail au lieu de deux. Naturellement les wagons ne peuvent se tenir en équilibre là-dessus. Il faut un cheval ou un mulet et par suite une route à côté du monorail. Au lieu de coûter moins cher, cela coûte beaucoup plus cher qu'une

voie à deux rails, et il n'y a pas moyen d'y atteler
une locomotive. C'est complet. Vous savez, les
routes, là-bas, comme ici, c'est de la boue, les
chevaux en font des fondrières. Actuellement, monorail et route sont enfouis sous la vase.

Bref, on dépensa des millions. Et savez-vous combien on retira d'or? Huit kilos, voilà tout. Est-ce
assez l'inverse des trouvailles de belles pépites?

— Vous avez parlé des lois, dis-je. Permettez.
Les capitaux savent bien prendre leur parti des
lois, lorsque c'est nécessaire. Ce n'est pas là ce qui
les gêne le plus. Ecoutez ce que me disait textuelle-
ment un jour certaine personne :

« Il arrive assez souvent, je l'avoue, que la valeur
des mines est bien indifférente. Une seule chose
importe : le marché. Placer des actions, les vendre.
Les rapports d'ingénieurs peuvent être fort bien
faits. Mais ils ne comprennent rien aux affaires, les
ingénieurs. Ils se disent de bonne foi. Ils ont peut-
être raison. Mais ils sont tantôt frappés de perspectives invisibles pour nous, pour le public, tantôt
frappés de difficultés qui décourageraient tout le
monde, si on les disait. Ils effaroucheraient le public. Nous sommes obligés de *présenter* leurs rapports.

« Ils sont rares, ceux qui comprennent leur
avantage. Il faut montrer les possibilités d'une
affaire, mais ses dangers, ses difficultés! C'est fait
pour couper les ailes à toute initiative. Le public ne
comprend pas ce qui constitue le rôle exact d'une
mine d'or, *la chance*, il ne l'admet pas, en France,

du moins. En Amérique, en Angleterre même, c'est autre chose, on joue sur les mines comme sur une loterie. A la bonne heure. Et les chances sont bien plus grandes que sur une loterie. »

— Cet homme-là avait raison, dit Sully. Au public, il faut dire des choses simples, qui sautent aux yeux, qui sont criantes de vérité.

Par exemple, si l'on apporte une mine d'Amérique, des Etats-Unis, la première chose qu'on se dit, c'est celle-ci : « Comment? Mais les Américains sont si riches, et ils ne font pas cette affaire? Une affaire si brillante? Si vous l'apportez en Europe, c'est donc qu'ils n'en ont pas voulu, c'est qu'elle ne vaut rien! » Et l'on ne va pas plus loin.

On ne se doute pas que les Américains ne peuvent pas tout faire : ils en ont trop, d'entreprises, chez eux. Et le capital américain aussi est rapace, plus encore que le capital européen. Il sait risquer, mais il veut avoir toutes les chances pour lui. Il veut tout accaparer, et le malheureux qui apporte une affaire de mines la vend, soit, mais il est dépouillé ensuite. L'homme d'affaires américain est terrible; il arracherait même la chemise à son débiteur. Aussi, celui qui a une mine en Amérique, le mineur de bonne foi, sincère, le travailleur robuste et qui n'a pas la finesse des affaires, aime mieux, s'il en trouve l'occasion, vendre sa mine à un Européen qu'à un Américain. Mais essayez donc de faire comprendre cela au public parisien. C'est trop compliqué. Il ne voit qu'un fait : l'Amérique est assez riche pour faire ses affaires toute seule.

— Vous y êtes, dis-je, c'était là exactement mon cas en Californie.

Un ingénieur, et des plus distingués, fit un rapport éblouissant, comme il convenait à Paris, sur une mine californienne que lui apportait un Américain, mais celui-ci n'était point un naïf. Il était même, ce rapport, plein de trouvailles scientifiques, techniques, du moins dans les termes, car le fond était dénué de tout bon sens. Si l'on avait dit simplement les choses, personne n'aurait voulu entendre parler de la Californie. Elle est épuisée, allons donc, votre Californie!

Elle a produit huit milliards d'or, vous savez!

Enfin on souscrivit l'affaire en France, un ou deux millions. L'Américain poussait à la roue avec habileté et énergie. Il avait l'air si sûr de son affaire : on ne doute de rien, là-bas. Et il demandait peu de chose, des actions. Il se disait : « Souscrivez toujours le capital, nous verrons ensuite. »

Il fut modeste pour le payement comptant, quelques centaines de mille francs. Et il dirigea les travaux. On trouva de l'or, un peu, pas beaucoup, quinze à vingt kilos, je crois. Et l'Américain jubilait. Tandis qu'on faisait *mousser* les actions à la Bourse, il vendait les siennes avec allégresse. Et il câblait impérieusement à Paris d'envoyer des fonds pour continuer les travaux. Car ces fonds, il y en avait pour lui. Il avait de superbes appointements pour ne rien faire. Outre le capital, il se faisait des rentes. La mine produisait de l'or, mais non pas en Californie, à Paris. Voilà la mine d'or.

Pourtant on se lassa à Paris, l'or cessa d'arriver en Californie. Alors l'Américain menaça de reprendre sa mine. Et comme aux Etats-Unis, si l'on n'exploite pas, la mine est déchue, et au bout d'un an, peut être reprise par le premier venu, notre homme n'eut qu'à replanter des piquets sur le sol en son nom, à faire une déclaration, et le voilà de nouveau propriétaire de ses mines après s'être enrichi. Outre les mines, il eut les machines, les bâtiments, les canaux, et enfin un très joli chalet de montagne, dans les forêts de sapins, pour y passer ses loisirs dans la belle saison.

L'Amérique a de quoi nous effrayer, n'est-ce pas? On peut recommencer plusieurs fois le même coup avec la même mine. De la sorte, *une mine est inépuisable*.

— C'est incroyable, dit Sully. Oui, les mines sont de curieuses entreprises. Ecoutez l'histoire de celle-ci. C'était une mine riche, mais non pas d'or, de cuivre, et le minerai en était rare et peu connu, la chalcosine.

Un gentleman voyageait à cheval dans le Pérou avec un ingénieur. Sur le sentier l'ingénieur remarqua d'étranges cailloux, il les prit, fit un geste de satisfaction, et les mit dans ses poches. Mais cet ingénieur était épuisé par la fièvre et il succomba à une attaque; quelques jours après, il mourut. Le gentleman se rappela les cailloux; il les prit, et à son arrivée à Lima, les fit analyser. C'était de la chalcosine. Un ingénieur lui en expliqua la valeur et le mode très facile d'exploitation, comme d'une carrière de pierres.

Le gentleman se fit incontinent donner la concession. Il eut le courage, il faut bien reconnaître son mérite, de s'installer dans l'endroit presque désert où était le minerai, avec un contremaître et des mineurs. Il réussit, ce qui était plus difficile, à faire transporter le minerai à la côte, et, en moins d'un an, il avait mis de côté un petit capital. Il eut alors un ingénieur à ses frais, qu'il paya plutôt médiocrement; mais il est aujourd'hui archimillionnaire, du fait seul de cette mine.

N'est-ce pas le fait du hasard? Quand on a la chance, on dirait qu'elle vous poursuit. Ce gentleman réussit tout ce qu'il entreprend. Il achète un tableau, parce qu'il a de l'argent en poche. Ce tableau se trouve être un Raphaël. Maintenant que ses mines sont épuisées, il les met en actions. C'est une nouvelle ressource.

— Ah! les mines, je le disais tout à l'heure, sont une question d'économie. Votre gentleman a eu le mérite de le comprendre. Un ingénieur, avec quelques réflexions, peut éviter des travaux extrêmement chers. Rien n'est plus cher que de percer les roches.

On ne saurait payer trop cher l'expérience d'un ingénieur. Ce qu'il dit peut sembler une vérité évidente. Elle ne l'est pas. Il est d'ailleurs très difficile de faire mettre en pratique une idée de bon sens. On aime mieux faire des choses extraordinaires.

— C'est ainsi, dit M. Beaujoie, qu'on rejette volontiers les échecs sur des impôts, sur des lois. Dans d'autres cas, on sait bien en faire des lois, au contraire. Allez voir ça, à Cayenne. Les lois, ce sont les puissants qui les font, et pour se protéger eux-mêmes.

— Lorsqu'ils n'ont pas la puissance matérielle pour eux, dis-je, ils inventent la police, en effet, puis l'administration, l'armée et les lois. Chez les groupes de mineurs de l'Alaska, et autrefois de la Californie, il n'y avait pas de lois, chaque mineur se défendait lui-même. La loi n'est nécessaire qu'à la propriété acquise et durable. Il n'y a pas d'avantages pour le capital à se passer des lois; il devient sans défense, au contraire.

Voyez en Guyane, voyez au contesté franco-brésilien, en Alaska, en Californie, il n'y a guère que les petits qui ont fait fortune, les capitaux ont échoué. Mais là, ce n'est pas la faute du manque de lois, elles sont venues au bout de peu d'années ; c'est qu'il s'agissait de ce qu'on appelle des *poor men's diggings*, des mines de pauvres gens, demandant peu de capital, exploitables sans frais.

Le capital n'avait que faire dans des placers comme ceux-là.

— Vous voudriez, dit Sully, nous pousser à exploiter nous-mêmes nos placers guyanais, sans aucun capital. Nous le faisons bien. C'est ce qu'on appelle le *maraudage*.

Mais on se plaint que les maraudeurs saccagent les placers.

— C'est que vous voulez aller trop vite. Les Californiens n'ont jamais saccagé leurs criques, ils savaient fort bien s'entendre, se donner même un chef. Ils étaient disciplinés, et nos braves créoles ne le sont peut-être pas.

Vous vous rappelez M. Dormoy, la peine que vous aviez à le faire tenir tranquille, à lui faire faire un carbet sur l'Approuague.

A propos de lois, ajoutai-je, je vais vous redire, non pas une aventure, mais un discours fort curieux que j'ai traduit du russe. L'auteur s'était occupé d'affaires de mines. Vous savez qu'en aucun pays, plus qu'en Russie, on ne trouve moyen de tourner les lois, au moyen de puissantes influences. Un Russe, nommé Katakrof, s'était servi de ce moyen de persuasion pour entraîner en Sibérie des capitaux anglo-franco-belges. Il réussit, d'ailleurs. Son tort fut de vouloir prétendre ensuite que les capitaux s'étaient jetés sur la Russie uniquement parce qu'il n'y avait pas de lois. Il s'adressait à un groupe de capitalistes réunis avec lui à un grand dîner près de la Bourse, pour y conclure son affaire. La voix de Katakrof résonnait : « La *loi* est partout, chez vous et chez nous. Mais qu'est-ce que votre *loi*? Quelque chose comme le policeman anglais. Il le faut, ce brutal, au milieu des rues encombrées de la *City*. Dans la rue, on va grand train. Il file, le financier qui a de grandes entreprises; chaque minute peut lui coûter des millions. Il file, le docteur, au secours d'un malade atteint mortellement : une seconde peut coûter la vie d'un homme. Il file, le créancier, à la poursuite de son débiteur. Elle file, la femme d'un personnage important, pour faire des visites. Le diable m'emporte si je sais qui encore court dans la rue, et pourquoi! Et lui, le policeman obtus, il lève son bâton blanc, et en un clin d'œil le mouvement s'arrête. La vie cesse instantanément. Et qu'est-ce qui arrive alors? Que les entreprises s'écroulent, périssent les malades. Le mouvement ne reprendra que lorsque le policeman au casque bleu foncé baissera son petit bâton blanc. Fi donc! Chez nous, la *loi*, c'est un sergent de ville, doux, poli, prévenant. Lui aussi lève sa main (il n'a pas de bâton). Il lève la main, et le mouvement est suspendu pour quelque temps. Il crie : « Halte! » mais il maintient la foule d'un air aimable, et il sait distinguer : « Halte! Vous, Excellence, vous voulez passer? Cocher de Son Excellence, tu peux passer! Vous, dit-il au millionnaire, vous êtes pressé pour vos affaires? Je vous en prie, avancez! Cocher du riche équipage, en avant! » Aux autres, il crie d'un ton sévère : « Son Excellence a des affaires importantes dont vous n'avez pas idée! Il faut qu'elle passe. » Il distingue même le créancier qui poursuit son débiteur : « Tenez, je l'ai vu passer là-bas par la ruelle de côté; c'est une chance exceptionnelle. Passez, et filez vite. » Et de nouveau il répète sévèrement à ceux qui attendent : « Halte! il n'y a pas de tour pour ceux-ci! » Le docteur fait sa tournée : « Mon malade peut mourir! — S'il est malade... Cocher, tu peux passer. — S'il vous plaît! » M. Katakrof clignait de l'œil d'un air malin, et se campait les mains sur les hanches. « Qui vous empêche de dire que, vous aussi, vous êtes docteur, et que peut-être un moribond vous attend? Dites, et on vous laissera passer. Motif d'exception. » Il eut une ovation. Tous bondissaient de leurs places.

Les figures des capitalistes brillaient maintenant d'enthousiasme. Visiblement chacun d'eux avait résolu de *se livrer à l'opérateur*. Et la voix de M. Katakrof sonnait au milieu d'eux, comme inspirée, comme celle d'un poète ou d'un prophète : « La *loi* est immuable. La *loi*, c'est une pétrification. La *loi*, c'est du granite, La *loi*, c'est un obstacle contre lequel on ne peut que se briser la tête. Non, une loi pareille, je ne la comprends pas. De loi pareille, chez moi, messieurs, vous n'en trouverez pas. La *loi* y est douce, flexible, élastique. La *loi*, c'est un duvet! Sur cette loi on peut dormir. Et voilà bien ce qu'il faut. Voilà ce que vous trouverez. Si, pour l'homme entreprenant, il retentit sévère, cruel, fatal, ce mot désagréable : *la loi*, qu'il est doux, tendre, délicat, charmant, d'entendre vibrer ce mot mélodieux : *l'exception!* Il y a le chant du rossignol et le parfum du lis dans ce mot. Si le mot *loi* résonne comme un *De profundis*, un *Requiem æternam*, opposé aux plans et aux rêves audacieux et entreprenants, — quel chant d'espérance, de joie courageuse évoque ce mot doux et tendre : *exception!* Obéir à la loi, et rien qu'à la loi! Ne voir autour de soi que des lois! Quel destin austère! C'est se soumettre à des vainqueurs durs, cruels, inexorables. Tandis que se régler sur des exceptions douces, souples, complaisantes..., c'est vivre au milieu de ses amis, au milieu d'amis prêts à toutes les concessions, pleins de condescendance, désireux de vous être agréables et utiles. Oh! pourquoi vous, étrangers, ne nous connaissez-vous pas? Pourquoi faites-vous de pareilles questions? » disait M. Katakrof d'une voix larmoyante.

— Votre Russe est parfait, avec ses larmes de crocodile, dit Sully.

Et il se mit à contrefaire la voix de M. Katakrof, exposant ses plans aux capitalistes.

C'est l'exception qui adoucit les angles aigus des lois. Exceptions en faveur de l'intérêt public (le nôtre). Exceptions en faveur de considérations plus hautes (notre capital). Exception en faveur de puissantes méditations (M. Katakrof). Exception parce que le territoire des mines est mal délimité.

Quel champ de manœuvres pour l'activité du capital!

Mais ce n'est pas qu'en affaires qu'on abuse du public. Les livres aussi sont pleins d'erreurs. Voyez ce qui s'imprime sur la Guyane, sur son climat, sur ses ressources. On veut satisfaire le public en lui disant ce qu'il croit, et pas autre chose. C'est la faute des imprimeurs. Ils appellent cela les exigences du public. Dans les revues, on coupe et l'on taille pour plaire aux lecteurs, au lieu de les instruire et de les diriger.

— On commence à revenir de ces idées, il me semble, dis-je. On commence à avoir en France un assez grand souci de la vérité, sinon du goût, dans les journaux. Pour la Guyane, je tâcherai de répéter exactement ce que j'ai *vu*, car dans la conversation on dit ce qu'on veut. J'espère que vous serez content.

Cependant ces histoires nous ont conduits jusqu'à une heure avancée.

C'est ce mot de Bouche-Coulée qui en est cause, et qui a ravivé chez nous ce soir le désir de raconter des histoires, pour oublier les pluies de ces derniers temps, ces pluies qui rendent parfois les journées longues et ennuyeuses en Guyane comme partout.

CHAPITRE IX

Sully-L'Admiral, puis Emma, prennent la fièvre; une fièvre ordinaire, sans gravité, mais pénible. Je reste indemne, mes courses me valent seulement une forte courbature, un certain soir; on sent dans ce climat le danger de l'humidité. Il faudrait un médecin pour chaque groupe de placers, ou du moins un homme ayant l'habitude des maladies courantes, et un petit hôpital. Cayenne est trop loin, soit pour y envoyer un malade, soit pour en faire venir un médecin. Emma et Sully se soignent mutuellement avec quelque succès, mais ils éprouvent le besoin de changer d'air.

Ce n'est pas que l'on ne puisse vivre assez confortablement ici, seulement il faut se montrer exigeant, quand on est chargé d'un placer. Le gibier abonde et il y a un chasseur indien, un vrai Peau-Rouge, avec sa femme et ses deux enfants; ceux-ci ont la fièvre en ce moment, et les parents ne paraissent pas très solides non plus. Ils nous apportent un *agouti* et un *acouchi*, sortes de lièvres, qui font une heureuse diversion à notre ordinaire

où le *pécari* reparaît trop souvent. M. Beaujoie fait
ce qu'il peut, mais il est trop facile à contenter. Ce
n'est pas tout de faire de l'or, il faut soigner sa
santé. Ne se vantait-il pas d'avoir deux caisses de
champagne? Sully fait le tour de son unique armoire
et découvre deux bouteilles, qui nous étaient déjà des-
tinées. La blague créole se tourne contre elle-même
avec M. Beaujoie. J'admire sa belle humeur, quand
il a l'air visiblement éprouvé par la vie des bois;
il a le moral plus robuste encore que le physique,
car il y a fort longtemps qu'il tient tête aux fatigues
qu'il endure.

Il paraît qu'il existe dans la région, mais surtout
plus au sud, sur l'Inini, etc., une maladie plus
sérieuse que la fièvre et qu'on appelle *l'enflure*. Elle
provient de l'excès d'anémie auquel conduit la
fièvre, et c'est une conséquence presque fatale de la
vie trop prolongée des bois. L'enflure intérieure
guérit rarement; si elle est extérieure seulement, les
Indiens et les créoles savent la réduire, mais ensuite il est indispensable que le malade parte pour
l'hôpital de Cayenne. Beaucoup de gens confondent
l'enflure avec le *béribéri*, maladie connue des nègres
de l'Afrique, comme aussi des Japonais.

Nous regrettons que M. Beaujoie ne puisse nous
accompagner à son *dégrad* sur la Mana pour aller
de là aux autres placers ; mais c'est la fin de la
semaine, et sa présence est nécessaire à l'établissement central pour recevoir les productions d'or des
quatres établissements détachés. Ces détachés sont
Nouvelle-France, qui produit en ce moment près

d'un kilogramme d'or par jour, puis *Acajou, Kilomètre* et *Principal*. Ces derniers, les plus anciennement exploités, ont trop d'eau pour produire beaucoup d'or, en cette saison : ce sont plutôt des criques d'été. Le chemin qui y conduit est aussi accidenté, sinon davantage et plus long, que celui qui va de Nouvelle-France au Central. Ce sont des séries interminables de collines escarpées à gravir et à redescendre. Le sentier qui descend au *dégrad* sera long, mais plus facile.

Quand on a eu la fièvre ici, elle revient trop fidèlement. Sully l'a eue à l'Inini, et au contesté brésilien où il a longtemps séjourné; il a toujours payé de sa personne dans les cas difficiles, étant l'homme de ressources à qui l'on s'adressait de préférence. Il a accompli des prospections fatigantes, durant des mois, en forêt, avec quelques hommes, le strict nécessaire comme provisions, exposé à ces émanations qui se dégagent du sol et des bois quand on y touche. C'est là surtout la cause de la fièvre, les miasmes putrides. La santé ne suffit pas pour résister, il faut avoir l'énergie de ne pas se négliger. On est trop exposé à s'attacher obstinément au but matériel que l'on poursuit, pour ne plus songer à ses besoins. Le régime tiède et humide de la Guyane débilite vite, si l'on n'a pas une nourriture abondante et saine, car on se fatigue physiquement. Ceux qui périssent sont ceux qui ne se soignent pas, mais la fièvre est inévitable lorsqu'on fait un séjour un peu long dans le bois.

Quand nous partons de Central-Souvenir, Sully

n'est pas encore bien remis, et il porte les compresses d'Emma. M. Beaujoie nous quitte au premier détour du sentier, nous disant que nous avons environ trente kilomètres à faire jusqu'au *dégrad*. Cela représente bien sept à huit heures de marche. Nos porteurs filent en avant; l'un deux porte sur la tête une caisse de quartz riches choisis à Souvenir. Le temps s'est un peu rafraîchi depuis quelques jours : il tombe chaque après-midi des averses torrentielles, comme il n'en tombe qu'en ces climats humides; c'est pour les éviter dans la soirée que nous partons de bonne heure.

Nous suivons d'abord la crique aurifère et, sur plus de quinze cents mètres, nous retrouvons les fouilles de prospection de M. Beaujoie; il ne s'est pas vanté en nous exposant son travail. Je constate ici encore que l'exubérance créole dans le langage, disparaît dès qu'il est question de travail. Les créoles en savent trop la valeur, car ils la payent par l'expérience à leurs dépens, soit qu'ils travaillent pour leur compte ou pour celui des autres .

Le sentier est très mauvais. On l'a abandonné depuis quelque temps pour faire les charrois par la voie de l'Approuague, non pas celle que nous avons suivie, mais une autre plus longue, qui, à son tour, sera abandonnée pour la nôtre. Dès qu'un sentier cesse d'être foulé en Guyane, il est vite envahi par les plantes, et coupé par les troncs écroulés; on le perd à chaque instant. Mais le plus désagréable, c'est le passage des criques : les troncs d'arbres qui servent de passerelles, ont pourri, ou sont tombés; il faut passer dans l'eau. D'abord, pour éviter de la sentir barboter dans mes chaussures, je les quitte aux premières criques. Cette opération répétée devient fort ennuyeuse et j'y renonce.

Sur les criques larges et profondes, les troncs ont subsisté à cause de leur grosseur, mais il n'y a pas d'appuie-main ; mon *takary* est trop court pour toucher le fond, et je passe sans honte à califourchon, malgré l'humidité qui suinte du tronc. La mauresque peut tout supporter, il est si facile d'en changer.

Sully tue un *agami*, la pintade des bois, pour me le montrer, et aussi pour notre dîner. Tandis qu'il m'explique ses mœurs, arrêté sur le sentier, il paraît, c'est Emma qui nous le dit ensuite, qu'un serpent se dresse derrière nous, à deux ou trois pieds au-dessus du sol, nous considère en tirant sa langue et l'agitant, puis se replie sur lui-même et part. C'est nous qui sommes les bêtes curieuses de la forêt, mais aussi les plus dangereuses. Sésame, à son tour, fait partir une volée de pintades, et en tue deux; il a voulu nous accompagner au *dégrad* avant de s'installer à Souvenir.

Cette marche en sentier à demi disparu sous la forêt, va durer huit heures, avec un petit arrêt pour manger. Nous n'avons à essuyer qu'une petite averse. A mesure que nous approchons du but, je sens, chose curieuse, ma fatigue s'évanouir; et, me rappelant le joli sentier des mines du Tiutikho en Sibérie, seul en avant, j'entonne à pleine voix (tout le monde a de la voix) un air russe qui évoque si bien les forêts sauvages : le chant des Variagues, les anciens conquérants russes, dans *Sadko*. Je croyais que l'humidité de ce pays devait gâter la voix, mais au contraire, elle sort avec une limpidité plus grande. Je devrais pourtant m'être aperçu que la voix des oiseaux guyanais est d'une pureté merveilleuse en même temps que d'un timbre éclatant. C'est qu'ils s'agitent constamment, et, dans mon cas, c'est peut-être que j'ai fait beaucoup d'exercice aujourd'hui. Il n'est rien de tel que de faire usage de ses membres pour les assouplir. La Guyane est un champ d'expériences à faire, on ne connaît ni le pays ni le climat.

Nous arrivons au *dégrad* à quatre heures du soir, et nous y trouvons deux canotiers et un pilote qui nous attendent depuis trois jours pour nous conduire au placer Saint-Léon. Si nous n'étions pas arrivés aujourd'hui, ils repartaient demain matin. Nous avons de la chance que Sully ait pu dominer sa fièvre ce matin; en route, elle a fini par disparaître complètement. Notre arrivée à ces vieux magasins reste un souvenir heureux, car j'y suis arrivé en chantant et sans m'en douter. Dans le bois, on ne voit rien à distance, et cela permet les surprises.

Je vais pendre mon hamac dans un grand hangar vide, mais que nos porteurs commencent déjà à occuper. Sully prend la case de l'ex-chef magasinier; il a besoin de repos; en état de fièvre, la marche fatigue davantage; en outre, il n'a qu'un hamac, large il est vrai, pour lui et Emma; l'un couche à la tête, l'autre aux pieds, aucun ne peut reposer confortablement, et un lit, même dur, vaut encore mieux. Avant de nous coucher, nous dévorons les *agamis* tués par Sésame. Ils auraient gagné à être préparés par Emma, mais celle-ci aussi est fatiguée de sa trentaine de kilomètres. La femme doit suivre son mari, dit le précepte; voilà dix ans qu'Emma suit Sully dans ses expéditions de Guyane et du Brésil, et elle le suit à pied, fort souvent. C'est une femme fidèle. Serait-il vrai que la femme donne, en général, plus qu'elle ne reçoit, et qu'il ne dépendrait que de l'homme de trouver le bonheur à côté d'elle, tandis qu'il le cherche ailleurs?

Nous pensions nos courses à pied terminées; mais il paraît que non. Ce n'est pas l'eau qui manque dans la Mana, mais son lit est obstrué de troncs d'arbres depuis qu'on le néglige. Les canots n'ont pu monter plus haut que le *dégrad* inférieur, à sept kilomètres de celui où nous sommes. Nous partons donc à six heures et demie du matin, avec une tasse de café pour tout déjeuner, car les porteurs sont en avant avec les provisions. On m'avait dit qu'en Guyane il ne faut jamais se mettre en route sans s'être lesté l'estomac par un solide déjeuner, un *kibiker*, comme disent les créoles. Ce matin, le *kibiker* se serait borné au café si je n'avais réclamé, et Sully, en homme pratique, découvre en son magasin, une boîte de lait condensé qu'Emma fait cuire en un clin d'œil.

Le chemin est encore pire que celui d'hier. Nous traversons l'ancien cimetière du *dégrad;* les tombes, peu nombreuses, sont recouvertes de hautes herbes

et de grandes broussailles. Puis, nous rentrons dans
le bois. Ce n'est plus tout à fait le même genre de
forêts que sur les collines, le sol est plat, humide,
souvent boueux, on y sent la présence occasionnelle
de la rivière; ce sont même des marécages. Les criques prennent une largeur illimitée, heureusement
sans être profondes, mais il ne saurait y être question de ponts, même guyanais. Nous atteignons à
l'une de ces criques un de nos porteurs et nous lui
enlevons une boîte de sardines : c'est ce qu'il a de
plus facile à manger sans s'arrêter.

A dix heures et demie, nous sommes au port,
c'est-à-dire au *dégrad*, où nous pouvons nous sécher,
nous et nos chaussures, et manger quelque chose.
Sully retrouve là un vieux camarade du Brésil,
M. Bussy, et nous sablons le champagne en l'honneur de cette heureuse rencontre. La gaieté, qui
manquait depuis ce matin, nous revient.

Notre canot est là, mais on nous dit que peut-être
nous n'arriverons que demain au *dégrad* du placer
Saint-Léon, à cause des troncs qui barrent la rivière. Nous ne sommes plus ici qu'à 170 mètres
d'altitude au lieu des 300 mètres de Nouvelle-France,
et le climat semble plus chaud et plus humide encore. Nous prenons place dans le canot, avec les
deux pagayeurs, le pilote venu au *dégrad* supérieur
et M. Bussy. Le soleil est chaud et il se réfléchit
sur l'eau avec une ardeur dont nous avons perdu
l'habitude sous l'ombre des forêts. Mon parasol
noirci d'humidité est une bonne protection. Sully et
Emma ont étendu des serviettes de toilette sur leurs

grands chapeaux. Le pilote et Bussy ont des couvre-chefs en nervures de feuilles tressées, grands comme des parapluies sans manche. C'est plus pratique qu'un parasol, car la protection s'étend également autour de la tête, tandis que nos parapluies sont *excentriques*, je veux dire portés excentriquement.

Les premiers troncs sont franchis sans encombre. Mais vers trois heures, nous sommes absolument barrés : il faut que les boys se mettent à l'eau et tirent leurs haches et leurs sabres. Il y a surtout un gros tronc qui résiste énergiquement. Nous dirigeons le canot sous les ombrages de la rive et nous attendons. Le travail dure une heure; nos gars ruissellent de sueur. Je ne sais comment ils n'attrapent pas des coups de soleil, il faut qu'on s'y habitue comme à toute chose.

Heureusement ces obstacles ne se reproduisent plus. Courageusement nos boys font force de pagaies, le courant les stimule et aussi une promesse de gratification que leur fait Sully. A six heures, nous abordons au *dégrad* de Saint-Léon. Il y a là tout un groupe de canots, arrivés il y a deux jours avec des provisions pour le placer : or, ils sont partis du bourg de Mana le 8 janvier, c'est-à-dire le jour où je quittais Paris. Nous sommes au 28 février, il y a donc cinquante et un jours. C'est qu'il y a beaucoup d'eau dans la Mana, mais c'est aussi que les pagayeurs aiment à perdre leur temps en route pour chasser et pêcher. Pour nous, nous sommes heureux d'être arrivés à Saint-Léon, à **cinquante et un jours de Paris.**

CHAPITRE X

TOUJOURS EN FORÊT. — PLACERS AURIFÈRES

Nous montons la berge : au-dessus, c'est une place de terre battue, assez large, terminée par des magasins et des carbets, un petit village. Nous allons trouver le chef magasinier : « N'avez-vous pas reçu des instructions du directeur du placer Saint-Léon pour nous recevoir? — Non. — Vous ne nous attendiez pas? — Non. — C'est pourtant vous qui nous avez envoyé un canot au *dégrad* Souvenir. — Ah! c'est vous! — Vraiment! Il serait temps de vous en douter. » C'est ainsi que nous sommes reçus; mais, ici, il ne faut désespérer de rien. On vide aussitôt un magasin pour faire place à nos hamacs, et nous commençons notre popote, car rien n'est préparé pour nous. Tout le monde ici a déjà dîné. D'ailleurs, il ne faudrait pas croire que la rencontre de ses semblables dans le bois en Guyane suffit pour procurer à manger. Ce serait plutôt le contraire; le nouveau venu est censé le plus riche. Chacun pour soi; donnant, donnant; rien n'est dû. Chacun sait trop bien le prix de ses provisions et de sa vie pour les gaspiller.

Nous sommes, dans des conditions exceptionnelles, annoncés depuis deux mois aux directeurs
des placers et à leurs employés, et pourtant, dès
notre arrivée ici, si nous n'avions pas de quoi nous
suffire, nous irions ce soir peut-être nous coucher à
jeun. On n'en meurt pas, mais on est loin du confort moderne, le téléphone n'est pas près de rac-
courcir les distances dans la forêt vierge guyanaise.

L'établissement central du placer Saint-Léon ne
se trouve guère qu'à une heure de marche du *dégrad*. Le sentier est bon, car il traverse des criques
qui ont été très riches en or et ce chemin a été
fréquenté. On s'en sert constamment.

Vers neuf heures, nous traversons les plantations
de l'établissement, et après avoir franchi une pas-
serelle près de laquelle des femmes lavent du linge
en plein soleil, nous entrons dans la case directoriale; elle est plus simple encore que celle du Central Souvenir, mais on va nous installer dans une
autre, à peine achevée, où nous serons confortablement logés, car s'il n'y a que deux chambres et un
hall central ouvert comme salle à manger, les dimensions sont largement conçues. Saint-Léon est
peu favorisé au point de vue du ravitaillement, il
lui arrive de passer quatre mois sans recevoir de
provisions, aussi les plantations sont-elles particulièrement nécessaires ; pendant plusieurs mois, on
vit de manioc, patates, bananes et canne à sucre,
avec un peu de gibier.

Dès le jour de notre arrivée, nous allons visiter
les chantiers en travail les plus voisins, et je vais

en profiter pour exposer ici l'exploitation de l'or
suivant la méthode guyanaise.

Je dirai d'abord qu'il y a des chantiers où l'on ne
travaille pas, parce qu'il y a trop d'eau, depuis les
pluies récentes. On a bien installé des pompes pri-
mitives dites *pompes macaques*, mais elles sont insuffisantes. Ces pompes macaques sont composées
d'un balancier en bois porté par une forte perche,
et supportant un seau d'eau **d'un** côté, tandis que
de l'autre côté· une pierre suspendue aide à élever
le seau plein d'eau. Celui-ci est déversé au delà
d'un petit barrage de façon que l'eau ne puisse
redescendre dans le chantier en voie d'épuisement.
La pompe chinoise, employée en Californie, est
bien plus rapide.

Voici maintenant comment on fait l'exploitation
et le lavage du gravier aurifère. Les rivières ou
criques, en général étroites, parfois de moins de
quatre mètres, dans la région que j'ai parcourue,
renferment l'or, tantôt immédiatement dès la surface, tantôt au-dessous d'une certaine épaisseur de
terre et de sables, variant de deux à quatre pieds,
rarement cinq pieds.

On commence par déboiser la crique, c'est-à-dire
le cours d'eau, en enlevant les arbres sur sept à
huit mètres de largeur, dix mètres même, si la
crique s'élargit. Ce travail est fait à la hache, et
l'on abat les arbres par séries de huit ou dix, *par
rideaux*, comme disent les créoles, profitant des
lianes qui les relient et les entraînent tous ensemble.
Ensuite on fait le dessouchement, c'est-à-dire qu'on

taille et arrache tout ce qu'il est possible des troncs et des racines qui sont peu profondes; en même temps on écarte les troncs écroulés sur les bords de la crique.

Le travail suivant consiste à enlever la terre et le sable stérile jusqu'à la couche de sable aurifère qui est le plus souvent quartzeux. Ce travail se fait à la pelle, et le stérile est rejeté sur les bords. En même temps on fait un barrage de la rivière en amont, et une canalisation pour écarter l'eau des travaux et conduire au *sluice*, dont nous allons parler, l'eau qui sera nécessaire pour le lavage._

La couche ou le sable aurifère va être débarrassée de son or dans le *sluice*. Le *sluice* guyanais est le plus simple possible. Il est portatif, placé au milieu du chantier d'exploitation, et déplacé d'aval en amont, à mesure que l'exploitation avance. Ce *sluice* est composé de canaux en planches, que les créoles appellent *dalles*, emboîtés l'un dans l'autre. Ils ont 4 mètres de longueur, 0^m, 30 de largeur et il y a en général cinq dalles, toutes portées sur des piquets où elles sont suspendues par des crochets qui servent à régler leur hauteur. La dalle inférieure porte des *rifles* ou obstacles en bois et une plaque perforée maintenue par un *rifle* en fonte, pour recueillir l'or fin au-dessous. On verse un peu de mercure sur les dalles.

Deux mineurs prennent à la pelle le sable aurifère et le versent dans le *sluice* près du sommet où arrive le courant d'eau. Le sable étant souvent argileux, il y a une ou deux femmes occupées à débourber les pelotes d'argile qui retiennent l'or et l'entraîneraient sans ce débourbage. L'or étant près de dix fois plus lourd que le sable, reste contre les *rifles* et sous la plaque perforée, tandis que le sable est entraîné par l'eau. Un ouvrier rejette ce sable contre les bords pour qu'il ne gêne pas la circulation d'eau. Il n'y a donc que sept ou huit hommes occupés, au stérile, au sable aurifère, au *sluice* et à l'enlèvement des sables. Les uns ou les autres chantent, ce qui donne de la gaieté au chantier. Ce travail, peu fatigant par lui-même, le devient sous le soleil ou la pluie, car on a déboisé. Le chef de chantier prospecte constamment pour contrôler le rendement du *sluice*.

Le soir, à quatre heures, le chef vient retirer l'or du *sluice*. Il chasse d'abord le sable qui le recouvre, enlève peu à peu les *rifles*, et la plaque perforée, ne laissant que le *rifle* en fonte. Tout le temps cependant il maintient une *batée*, grand plat creux en bois au bout du *sluice*. A la fin, il enlève le *rifle* de fonte, l'or amalgamé au mercure tombe dans la *batée*, et il ne reste plus qu'à laver celle-ci. Cette opération demande un peu d'habitude pour éviter toute perte, mais elle est facile.

L'amalgame d'or obtenu est serré dans un morceau de toile, placé dans une boîte en fer à cadenas, dont le directeur du placer a la clef. Le cadenas à ressort est fermé en présence des ouvriers et porté à l'établissement. Vers cinq ou six heures, le directeur du placer prend toutes les boîtes des chantiers, les ouvre devant les chefs de chantier et les ouvriers présents librement admis, et les pèse. On passe ensuite toutes les boules d'amalgame sur le feu, le mercure se volatilise et la boule jaunit : on la pèse à nouveau et on enferme l'or dans un coffre de fer. Au bout du mois, le coffret est expédié à Cayenne par canots. Il est muni d'une corde et d'une bouée de sauvetage, pour parer au naufrage du canot.

Je pense que ces explications suffiront à faire comprendre le travail si simple des placers. Chaque établissement que je visite a une dizaine de chantiers, ce qui signifie quatre-vingts à cent hommes occupés au travail des criques. Mais, en route, il y a les charroyeurs, les canotiers, les ouvriers occupés aux *dégrads*, aux magasins, aux sentiers. Il faut compter un bon tiers du nombre d'homme en sus des mineurs. Il y a enfin les malades ou soi-disant tels, ceux qui sont plus ou moins fatigués et veulent prendre quelques jours de repos. En somme, pour six chantiers, il faut compter un personnel de cent cinquante hommes environ.

La paye se fait par *bons* sur le propriétaire du placer à Cayenne .Les ouvriers sont nourris aux frais du propriétaire : celui-ci peut en prendre à son aise, surtout s'il est, comme c'est le cas le plus fréquent, épicier lui-même. Mais la meilleure politique est de bien nourrir ses ouvriers; le rendement est bien supérieur, et les hommes intelligents de Cayenne s'en rendent compte. Bonne nourriture et bonne surveillance, c'est la *golden rule*, la règle d'or.

Je donnerai plus loin des détails sur l'historique et la production de l'or en Guyane. Pour ne pas interrompre mon récit en ce moment, je le reprends à mon second jour au placer Saint-Léon, c'est-à-dire au 1er mars.

Ce qui me frappe le plus ici, comme à Souvenir, en visitant les chantiers d'exploitation dans les criques, c'est leur étroitesse et la rapidité avec laquelle on les épuise de leur or. On avance, en effet, à raison de six à huit cents mètres par an, en ne donnant il est vrai, qu'un seul coup de *sluice*. Or, c'est le principal défaut de la méthode guyanaise. On veut aller trop vite, et en croyant prendre le meilleur, il arrive qu'on le laisse : il faudrait souvent enlever les deux côtés de la crique, car rien ne dit que la petite zone riche n'y passe pas aussi bien qu'au milieu.

En outre, en allant vite, on laisse de l'or dans le fond de la crique, car les hommes le piétinent et il s'enfonce profondément dans le *bed-rock*. Ou bien ils jettent violemment en l'air la pelletée de gravier riche (ils appellent cela le coup de *canne-major*), et le sable, au lieu de retomber dans le *sluice*, s'éparpille en l'air, et l'or va retomber en partie dans la crique en arrière de l'exploitation, où il est perdu. Je ne veux pas entrer ici dans des détails techniques, mais seulement faire ressortir quelques imperfections de la méthode, qui, d'ailleurs, si elle est bien appliquée, est la mieux adaptée au genre de travail à faire, et fait honneur à l'esprit d'activité pratique des créoles : nous verrons aussi le soin qu'ils mettent à préparer le travail d'avenir.

Les imperfections sont surtout apparentes dans le travail des maraudeurs, qui souvent saccagent les criques : c'est ainsi qu'ils ont rapidement épuisé les criques si riches de l'Inini, où il y aurait pourtant à faire encore. J'en parlerai plus loin, ainsi que du fameux Carsewène. En ces deux endroits, il est vrai, l'or était en grosses pépites, et les criques n'étaient riches que par placers, ce qui arrive fatalement avec l'or gros, tandis que dans les placers que je visite sur la Mana, l'or est très fin et assez régulièrement disséminé sur de grandes longueurs dé criques. L'avantage est très grand, car on peut alors prévoir et préparer l'avenir en faisant des fouilles de prospection : les directeurs créoles des placers que j'ai vus témoignent d'une grande prévoyance et de beaucoup de soin, en faisant faire de très nombreuses fouilles de prospection.

Ce sont ces fouilles de prospection qui m'intéressent le plus, et je n'ai malheureusement pas le temps d'en vérifier beaucoup. Je suis obligé de me fier souvent à la parole des directeurs des placers. Il ne serait pas suffisant de faire une fouille çà et là et au hasard dans une crique pour connaître la richesse et l'allure de l'or dans cette crique. Pour cela, il faut faire tout un système de fouilles méthodiquement placées tous les cinq mètres par exemple; c'est ce que l'on a fait pour certaines des criques prospectées, mais la vérification de toutes ces criques durerait beaucoup trop longtemps pour moi; elles sont pleines d'eau sur trois à cinq pieds de

ofondeur et deux à trois mètres de largeur. Ce
travail serait plus facile dans la saison sèche, et
c'est alors surtout qu'on entreprend les fouilles.
Quand elles sont faites méthodiquement, les mineurs
guyanais peuvent dire avec assez de certitude quel
est le degré de richesse de la crique; ils se trompent
rarement. Quand l'or est gros, ils disent que la
crique est *pochée*, c'est-à-dire irrégulière : l'or est
en *poches*, et dans ce cas on est exposé à des surprises tantôt agréables, tantôt désagréables. C'est
le cas général des filons de quartz, avec la difficulté supplémentaire de ne pouvoir prospecter sou-
terrainement sans d'énormes dépenses.

Nos repas, dans la salle à manger ouverte à tous
les vents, sont, pour moi, des surprises toujours
agréables; nous avons de l'*agami*, du *toucan*, du
martin-pêcheur, que les créoles appellent ici *honoré;*
il y a aussi de l'*acouchi*, et un tout petit daim tacheté
qu'on appelle le *caïacou;* c'est le meilleur de tous
les gibiers. Cependant pour quelques jours je lui
préfère encore le *tapir*, surtout préparé avec des
lentilles; est-ce l'effet du manque de bœuf, le fait
est que ce tapir reste un de mes meilleurs souvenirs.
Il y a aussi du *tamanoir*, mais la peau seule a de
la valeur, et Sully la met à part pour l'emporter. Le
soir nous avons du thé indigène cueilli sur place à
des touffes de *citronnelle*, de *mélisse* ou de *diapana* :
je ne regrette pas le thé de Chine. Le directeur de
Saint-Léon, M. Janvier, tient un peu plus à sa cuisine que M. Beaujoie, de Souvenir, et je suis d'avis
qu'il a pourtant raison.

La forêt ici est en majeure partie formée de bois de *wacapou*, un bois de première dureté, un des plus beaux de la Guyane. Il y en avait également beaucoup au Grand-Canory; c'est un bois qui se conserve indéfiniment et durcit même en vieillissant. Outre le *wacapou*, il y a ici le *bois-de-lettres*, ainsi nommé parce qu'il est si dur qu'on s'en est servi pour faire des caractères d'imprimerie; il est moucheté noir sur rouge, ou rubané rouge foncé et noir, et remarquable par son miroitement à la lumière; on en fait des meubles magnifiques, et il est destiné à être de plus en plus apprécié. Il y a aussi le *bois-serpent*, de couleur jaune, zébré d'ondulations noires, qui ferait un superbe bois d'ornementation, pour la carrosserie par exemple. L'Admiral fait couper plusieurs madriers de ces divers bois, dans l'intention de les emporter en France.

Notre grande case, toute neuve, en *wacapou* et *acajou*, a quatorze mètres de longueur et une véranda en fait le tour. Il y a de tels amas d'herbe sèche sur les planchers des lits que je ne regrette plus mon hamac : la lampe qui reste allumée toute la nuit dans le hall central suffit à éloigner les désagréables vampires.

Sur ce placer, il y a, en certains endroits, de nombreux galets de quartz granulé avec des parties zonées de bleu à traînées d'or libre très fin : ce sont de très beaux spécimens. D'autres fragments de quartz soyeux et semi-cristallin n'ont pas d'or, mais indiquent le voisinage de filons quartzeux, d'autant plus qu'on trouve aussi des fragments de limonite appartenant évidemment à ce qu'on appelle le *cha-peau de fer* des filons.

Il semble y avoir de l'or dans les terres même de la colline où se trouve l'établissement : on ap-pelle cela les terres de montagne; elles sont moins faciles à laver que les alluvions des criques, parce qu'il faut aller chercher l'eau au pied des pentes. Parfois pourtant on en a retiré beaucoup d'or. A Saint-Elie, par exemple, l'exploitation des terres de montagne a produit plus de cent kilogrammes d'or, avec un beau profit; on descendait ces terres dans la crique pour les laver, car il était impos-sible de canaliser l'eau pour l'amener au niveau de ces terres.

Nous allons partir comblés de cadeaux : *pagaras* en fibres d'*arouman*, huile d'*arouman*, servant de cosmétique aux Indiens, graines de *rocou* pour faire de la teinture rouge (pour talouages, sans doute), peaux de tamanoirs, becs de toucan, plumes d'aga-mis et d'honorés, bois-de-lettres et bois-serpent; il ne manque qu'une peau de crocodile pour nous faire un chargement digne de sauvages usuriers ou de vieux explorateurs. Pourtant, il n'y a rien là de ridicule, et ces produits feront un jour la fortune de la Guyane, plus probablement que tout l'or qu'elle produit, car nous verrons que les mines d'or ne servent de rien à la colonie, même qu'elles lui causent du préjudice pour le moment.

Un matin, nous quittons l'établissement central de Saint-Léon pour aller visiter le placer *Triomphe*, qui lui est contigu au nord. Ce ne sera qu'une promenade d'une heure et demie. Cependant le trajet sera plus long pour nous, car nous voulons visiter en passant le petit placer *Union*, que les Guyanais citent volontiers comme un des plus riches de ces dernières années.

Aussi nous quittons l'ombre des bois pour suivre une crique en plein soleil. C'est que cette crique a été déjà exploitée, donc déboisée, et nous arrivons précisément aux endroits qui ont donné tant d'or. Sur une centaine de mètres, on a retiré ici cent kilos d'or. Bien que la découverte ne date que de deux à trois ans, les criques sont déjà épuisées; on a fait même des repassages en plusieurs endroits, c'est-à-dire qu'on a repassé au lavage les sables déjà lavés, pour exploiter les côtés. Il ne reste qu'un chantier en terrain vierge, et nous l'atteignons bientôt. Il y a une dizaine d'ouvriers, dont deux femmes. Tout heureux de rencontrer nos boys, ils causent un instant, nous montrent ce qu'ils font, et nous indiquent un chemin plus court pour arriver à l'établissement Triomphe.

Les criques de Saint-Léon et de Triomphe ont eu, elles aussi, des parties très riches, et comme elles sont très longues, elles peuvent en avoir d'autres. Nous allons voir le directeur du placer. Au sommet d'une rue droite, entre des cases alignées, se dessine une sorte de jardin, formé de légumes empotés sur des piquets et d'ananas en pleine terre. Au fond, c'est la case du directeur. Elle a des stores verts le long de la véranda. Le confort semble augmenter avec chaque placer que nous visitons. Cependant c'est toujours le même genre de case, avec des modifications suivant le goût de l'occupant. Dans celle-ci, on flaire l'ingénieur : tout est géométrique et de niveau, longueurs rigoureusement égales, plafonds et planchers d'acajou bien égalisé. Luxe particulier, il y a une chaise pliante. Luxe plus grand, il y a à déjeuner un gâteau de Savoie. On nous attendait, il est vrai; néanmoins, ce mets suppose une cuisinière peu ordinaire : elle mérite des compliments, qu'elle accepte avec force gesticulations et bavardage auxquels je ne comprends rien. La langue créole est vraiment bien difficile.

Le directeur, M. Vertun, a été longtemps employé aux mines de Saint-Elie, et cette expérience lui donne une supériorité sur un directeur ordinaire de placers. Il a étudié le sien méthodiquement. De forte santé et de tempérament sec, excellent pour la vie des bois, il ne néglige ni son intérieur ni sa nourriture, et grâce à cela, il peut résister longtemps sans être obligé d'aller refaire sa santé à Cayenne.

Il serait fastidieux de décrire en détail des criques aurifères, et des courses à travers bois. Je ne ferai que citer les particularité qui me frappent. Les blocs de quartz, par exemple, forment à *Triomphe* des alignements plus réguliers qu'à Saint-Léon, mais les fouilles ne trouvent au-dessous d'eux que la roche décomposée. Il est sensible que le filon a été désagrégé et le quartz éparpillé; la recherche du filon devient difficile, surtout si la roche est décomposée jusqu'à quarante mètres de profondeur et plus comme on l'a appris par expérience sur certains placers. Cependant, dans les criques mêmes, la profondeur décomposée devrait être moins grande, puisque le *bedrock* est resté blanc, tandis que les terres de décomposition sont rouges.

On trouve parfois dans le gravier des haches de pierre polie; mais il ne faudrait pas croire qu'elles datent de l'âge de pierre. C'étaient et ce sont encore les armes des Indiens, ou Peaux-Rouges de l'intérieur. Ces roches sont en silex, en quartzite ou en pierre meulière, et portent une entaille pour les fixer à un manche par une corde ou plutôt par une liane, suivant la coutume indienne.

En dehors de l'établissement central, on exploite un détaché, appelé *Hasard*. Mais là le village n'est composé que de quatre ou cinq huttes dans le lit même de la crique. Cela rappelle tout à fait, dit Sully, les camps de prospection. L'eau y vient de partout, du sol et du ciel. Mais pour prospecter, on ne peut déboiser un vaste espace; ce serait peine perdue si la crique était mauvaise. Ici la crique est bonne, on va construire une meilleure installation.

CHAPITRE XI

PRATIQUE ET THÉORIE

Récemment il a passé ici un prospecteur en diamants. Il a lavé au tamis des sables des diverses criques, et prétend avoir trouvé une vingtaine de petits diamants, pesant ensemble un gramme. A mon tour, je fais le même genre de travail, mais je ne trouve pas autre chose de curieux que de petits cristaux de quartz. C'est là probablement ce qu'on a pris pour des diamants. Ce résultat n'enlève rien, du reste, à la possibilité de découvrir des diamants dans les sables de rivière de la Guyane française, car on en trouve en Guyane anglaise et au Brésil, dans des formations identiques. Mais les diamants ne se recueillent pas à la pelle; il faut souvent laver des mètres cubes de quartz pour en trouver un, et c'est ce qu'on ne peut faire à moins de séjourner assez longtemps au même endroit. Mais certains cristaux en indiqueraient la présence, comme le grenat, et je n'en ai pas trouvé.

M. Vertun nous fait goûter quelques mets créoles : du *callou* ou *gombo;* je connaissais ce légume en Californie sous le nom d'*okra*, ce qui étonne fort les créoles, ils croyaient en avoir la spécialité. Le *callou* ressemble à une grosse asperge courte, et il en a un peu le goût : on le mange à l'eau, en salade ou écrasé avec de la morue, et c'est bien alors un mets créole.

Il y a un parc à tortues. On nous sert des œufs de tortue, énormes et compacts, rappelant le goût des œufs de canard sauvage. Nous avons de la salade rappelant les mâches, et un gibier nouveau pour moi, le *paraqua* : c'est une sorte de faisan, se rapprochant un peu du dindon, comme le *hocco*.

Le soir, en dégustant de l'excellent thé de citronnelle, chacun à son tour sur la chaise pliante, nous causons longuement, et ce sont surtout des histoires de placériens. Ces créoles ont tous, plus ou moins, été à l'Inini ou au Carsewène, les deux *rushs* les plus récents à la poursuite de l'or. Là aussi il y eut des forçats évadés, et cela me rappelle ceux de Sibérie, qui ont là-bas découvert tant de placers aurifères. En Guyane, les évadés s'en vont aux endroits les plus écartés de l'Inini, où travaillent les *boschmen;* ceux-ci leur apprennent le travail du lavage, et s'en servent comme de domestiques, tout fiers qu'ils sont d'avoir des blancs à leur service. Ce métier ne contribue que trop à avilir le rôle des blancs en Guyane; cependant la médaille a son revers, et parfois les évadés font payer cher leur orgueil aux *boschs*, en leur volant leurs provisions et leurs canots avec lesquels ils fuient ailleurs prospecter pour leur compte, quand ils ont appris le métier de mineur.

Il s'est passé des faits assez graves au grand pénitencier de Saint-Laurent du Maroni, et pourtant on n'en a pas fait de bruit. La nuit, les forçats jouaient aux cartes avec les libérés : le surveillant ne faisait pas sa ronde, sûr qu'il eût été de recevoir un mauvais coup.

Les forçats, n'ayant pas d'argent, se faisaient pourtant un point d'honneur de payer leurs enjeux, mais pour cela, ils pillaient les magasins la nuit : le sort désignait le magasin à dévaliser. Une nuit, le sort tombe sur le magasin d'un nommé Lalanne, paisible bourgeois. Au moment où il va être envahi, un petit chien donne l'alarme. Les forçats rentrent, et l'on tire au sort un autre magasin : c'est celui d'un nommé Macquarel, non moins paisible que Lalanne. Comme les forçats forcent la devanture, le bruit réveille Mme Macquarel, qui se lève et appelle son mari. Celui-ci fait l'incrédule, et le bruit qu'il fait avec ses souliers avertit les envahisseurs. Deux d'entre eux montent l'escalier et se postent dans un passage coudé qui conduit à l'appartement. Dès que Macquarel ouvre la porte, il reçoit sur la tête un coup de sabre qui lui crève un œil; mais avec son fusil, il tue un forçat et blesse l'autre. Ce dernier s'enfuit; dès le lendemain, il est reconnu et enfermé.

On fait une enquête. Or, cette enquête amène la découverte de plusieurs tonneaux remplis de sabres et de revolvers en vue d'une révolte générale. Ce fut le procureur général qui mena cette enquête, et elle eut du moins pour résultat de modifier le système de surveillance.

Il paraît que le jury guyanais a un faible pour les maraudeurs, ceux qui saccagent les criques aurifères sans droit de propriété, et parmi lesquels il y a souvent des évadés. C'est que les jurés sont des marchands, et que les maraudeurs sont leurs pratiques pour acheter des provisions. Les surveillants et l'administration ne sont pas des pratiques, et puis ce sont le plus souvent des blancs, tandis que les maraudeurs sont des créoles. Récemment un surveillant, en cas de légitime défense, tua un maraudeur. Le jury le condamna à cinq ans de prison. Il fallut une pétition générale de la colonie pour le faire gracier. Ce simple fait qu'un blanc est qualifié d'Européen, tend bien à prouver que le Français est un étranger dans sa colonie.

La chaise pliante a tant d'avantages pour causer confortablement que M. Vertun m'en fait construire une pour la traversée du retour. Elle sera en bois de lettres satiné rubané, et je l'emporterai en souvenir de nos soirées en Guyane.

La grande couleuvre, qu'on appelle aussi le *devin*, n'est qu'une variété du *boa constrictor;* elle atteint douze à seize mètres de longueur, avec le diamètre d'un petit baril. On me cite un chasseur créole qui a entouré sa hutte à l'intérieur d'une peau de couleuvre étalée; la queue rejoint la porte en face de la tête, et la hutte a quatre mètres de côté. Il paraît, mais est-ce ici le mirage créole, que le devin s'attaque aux tapirs, aux jeunes, je pense; il étouffe sa proie dans ses replis, puis il commence son travail d'étirement pour l'avaler. Il l'applique contre un arbre dont il fait le tour, la presse et la frotte pour écraser les os, puis il s'enroule autour d'elle, et s'étire pour étirer aussi sa victime. Quand celle-ci, devenue malléable, a perdu toute forme, le devin commence à l'avaler par la tête, en l'inondant de sa bave; quelquefois la bête est si grosse que le devin est obligé de s'arrêter à la moitié pour digérer avant de s'occuper de l'autre, et il reste ainsi long-temps. Après avoir avalé une proie volumineuse, il gît plusieurs jours, une semaine, sans mouvement, comme inanimé. Il est incapable de résistance et on le tue comme un être inoffensif. On prétend que des chasseurs se sont assis sur lui, le prenant pour un tronc. Pour le tuer sans danger, on le hisse sur une branche d'arbre en le suspendant par le cou à un nœud coulant; un homme grimpe sur l'arbre, descend sur le cou de l'animal, où il plonge son sabre, et se laisse redescendre jusqu'au sol en le fendant sur toute sa longueur. Mais le devin affamé est la terreur des bois. J'ai cité précédemment deux circonstances où il se serait directement attaqué à l'homme, même à un homme à cheval.

Il y a heureusement un certain nombre d'oiseaux qui tuent les serpents, entre autres les vautours et les urubus; il y a même les vampires. Darwin a raison. Il se fait une sélection naturelle, et ce ne sont pas les plus forts qui résistent, ce sont les mieux adaptés au milieu; ainsi les petits vampirs ont raison de grands animaux. Ils tueraient les che-vaux et les bœufs, si l'on ne protégeait ceux-ci par des lampes allumées. Il a pu exister dans les temps géologiques un animal insignifiant ayant détruit des races entières d'animaux mal taillés pour la lutte et dont la disparition a rompu la chaîne apparente de l'évolution. Ceux-ci étaient les branches mortes de l'arbre de la vie dont parle Darwin. Il a fallu que *le milieu crée l'organe* pour que la race subsiste.

J'ai plaisir à discuter de ces hypothèses avec M. Vertun. Les créoles sont fort portés au matérialisme complet, intégral, dirait-on, et nous verrons qu'ils sont facilement portés à être francs-maçons, ce qui semble être une conséquence du matérialisme.

— Cependant, lui disais-je, si la force naturelle est ainsi capable de créer les organes adaptés aux besoins, depuis le mouvement informe jusqu'à l'organe visuel (Darwin le dit), et à l'intelligence, alors le monde physique peut bien créer le monde moral par une tension, une tendance universelle à un état supérieur; la tendance à savoir est non moins irrésistible que la tendance à lutter pour l'existence ; elle en fait même partie.

— Vous faites une hypothèse, dit M. Vertun.

— Tout le système de Darwin est une hypothèse : il remplace les créations parallèles et successives par une création continue. C'est la méthode infinitésimale appliquée au monde physique. Lui convient-elle d'abord? En tout cas, cela ne diminue en rien la nécessité de la création, car selon Darwin, de l'être inférieur sort constamment l'être supérieur, ce qui est au-dessus de notre conception. Il n'y aurait donc pas de preuve plus évidente de l'action continuelle de la Providence que le darwinisme.

— C'est ce que nous appelons le Progrès. Et voilà la croyance à laquelle faisait allusion, par exemple, un ministre français, quand on lui demandait récemment de s'expliquer sur ses croyances. Il a dit : « Je crois au Progrès. » Ce mot a une grande signification.

— Le progrès dans l'évolution, dis-je. Mais le ministre en question a voulu parler du progrès de l'homme. Or, justement le progrès ne paraît pas exister pour *l'être humain*. Nous ne le constatons pas dans l'homme physique ou intellectuel. *La science progresse* par jalons successifs, mais *il n'y a aucune preuve que l'intelligence de l'homme progresse.* Il y a eu de toute ancienneté des hommes intelligents et réfléchis pour concevoir les hypothèses modernes. Pythagore concevait très bien le système solaire; Aristote ébauchait l'évolution; Moïse faisait de la géologie et de la géogénie; Archimède calculait de très difficiles intégrales. Savez-vous ce que Leibniz disait d'Archimède? *Ceux qui sont capables de le lire admirent moins les découvertes des grands génies modernes.* De l'avis des mathématiciens, seul le cerveau d'Huyghens serait à la hauteur de celui d'Archimède. Si nous pouvions comparer l'état des hommes d'il y a quatre mille ans et leur état actuel, la seule différence essentielle serait le peuplement progressif de la surface de la terre par l'homme.

— Et la rapidité des communications? dit M. Vertun. Et les chemins de fer, la vapeur, l'électricité, la télégraphie sans fil, les cuirassés, les sous-marins?

— En quoi ces inventions ont-elles modifié l'homme lui-même? La proportion des hommes supérieurs n'est sans doute pas supérieure à celle d'il y a quatre ou six mille ans. Ce que vous citez est un progrès de la science par acquisitions successives et non un progrès de l'homme. On peut, d'ailleurs, l'acquérir d'un seul coup, comme ont fait les Japonais. Or, on ne voit pas que cela ait changé les Japonais comme hommes. Pourtant?

— Mais alors, et les vieilles nations d'Europe, qu'ont-elles gagné?

— Elles ont gagné, sans parler d'autre chose, la diffusion de l'instruction, ce qui élève et égalise les hommes, mais cela n'augmente en rien leur capacité intellectuelle. Peut-être que la science entrave l'évolution de l'homme, en lui donnant une puissance artificielle. Pour en revenir à l'évolution, ce n'est que l'hypothèse de l'unité dans l'origine des espèces. Pourquoi cela? *On connaît environ quatre-vingts* corps simples, il se peut donc tout aussi bien qu'il y ait eu à l'origine des centaines de germes, datant même de diverses époques.

— Cependant il faut convenir que l'évolution est une hypothèse qui plaît à notre esprit, sans doute à cause de l'idée d'unité qu'elle met à la base de notre conception de la nature.

— C'est l'unité divine, dit Sully, qui, malgré son peu de goût pour les spéculations idéalistes, s'est toujours montré vis-à-vis de nous respectueux de l'idée religieuse.

— Oui, le plan de l'univers paraît unique, depuis que la science récente a formulé des lois générales pour tout l'univers : celles de Newton, de Fresnel, de Berthelot, de Maxwell. Cette unité de lois prouve l'unité de pensée. Cependant l'accord entre les diverses branches de la science n'est pas encore fait. S'il se fait, ce sera grâce à une conception idéaliste, et non pas avec les idées matérialistes.

— En Guyane, le matérialisme jouit d'une grande faveur, grâce au sens pratique des créoles, et à la diffusion chez eux de la fameuse secte trop connue, la franc-maçonnerie.

— Je crois que le progrès de l'homme ne peut se faire que par l'idéalisme, en se dégageant de plus en plus des liens de la matière.

— Ce n'est pas ce qu'on disait, il y a quelques années, avec Zola dans le roman, Karl Marx en sociologie, Büchner en philosophie, Kirchoff en mécanique, avec l'art réaliste tiré de la photographie, la musique réaliste elle aussi.

— Nous avons même maintenant Wells, en fait de réalisme, mais il le traite avec humour, et Haeckel en philosophie physiologique; mais le courant leur est contraire, il n'y a pas à dire, depuis quelques années. On fait maintenant reposer les idées transcendantes sur des arguments purement physiques.

Ce n'est plus la matière qui forme la notion primordiale de nos sens, la matière est inconcevable avec son infinie divisibilité; c'est l'énergie qui apparaît à la source de toutes choses. Avec Newton, la lumière même était quelque chose de matériel, dans la théorie de l'émission. Déjà Descartes pourtant, bien que d'une manière informe, avait parlé de tourbillons.

La théorie ondulatoire de Fresnel a renversé l'émission; elle a été confirmé par des découvertes absolument d'accord avec ses calculs mathématiques, et par les ondes herziennes. Aussi cette théorie a fait introduire dans l'exposition scientifique du monde une force nouvelle qui transformait toute sa composition. C'est l'éther qui, par ses vibrations, est devenu le champ principal des phénomènes perceptibles aux sens. Les ondes lumineuses ne diffèrent plus des ondes herziennes que par le rythme et l'amplitude des vibrations. L'électricité paraît devenir comme la clef de voûte de la chimie, la cause même de l'énergie et de la matière. La matière peut-être n'est plus qu'une illusion, car sa décomposition à l'infini produit des atomes si petits qu'ils ne sont plus de la matière, mais de l'électricité.

La différence entre les atomes n'est plus dans leur constitution, mais dans le sens, la rapidité, la disposition de leurs mouvements ou plutôt des mouvements de leurs *monades*, lesquelles sont, par rapport à eux, comme les planètes par rapport au système solaire. L'émission d'énergie n'est plus un miracle, bien qu'elle soit indéfinie, puisqu'elle résulte d'un mouvement aussi naturel et éternel que le mouvement de nos planètes, dont Laplace a démontré mathématiquement la permanence et l'équilibre.

Il resterait à expliquer ces *monades* qui forment les atomes. D'après Larmor, ce sont des modifications de l'éther, des nœuds qui se forment dans ce milieu, par un mécanisme analogue à celui des fameux tourbillons de Maxwell. L'éther, un fluide pourtant hypothétique, devient donc la base de l'interprétation rationnelle de l'univers, l'électricité est la réalité, et la matière n'en est que l'expression sensible, purement locale et probablement transitoire. Cet éther est gênant à expliquer.

— Tout cela, dit Sully, c'est très joli, mais ça ne donne pas à manger; parlez-moi plutôt d'une belle pépite, c'est une matière transitoire, mais pourtant une réalité.

— Je n'ai pas fini, et je puis vous apprendre encore quelque chose de plus joli. C'est un fait bien étrange que l'homme éprouve tant de difficultés à développer ses facultés de raisonnement et de perception pour comprendre le monde qui l'entoure. Car vous avez raison, il est encore bien peu avancé, puisqu'il ne peut se dégager de l'attraction d'une belle pépite. Il serait pourtant intéressant de savoir pourquoi il est si peu avancé dans cette recherche.

Un savant, Myers, a cru en trouver une explication. C'est que la sélection naturelle, la lutte pour la vie, a développé jusqu'ici seulement les facultés inférieures de l'homme. Notre but presque unique et continuel est la conservation de notre individu et de notre espèce. Cela nous empêche de développer nos facultés supérieures. Moi, je n'en crois rien.

Si les hommes de génie, dans les sciences et les arts, sont si rares, c'est qu'ils sont de cette rare catégorie de gens qui n'ont pour pensée que leur art et leur science, et non pas l'idée de gagner leur vie! Il est juste de dire que notre civilisation tend à mettre les savants à l'abri du besoin, et quant aux artistes, leur vie, c'est leur art. Seulement il leur arrive souvent de sacrifier l'art à la mode, et il n'est que trop vrai que les artistes de génie meurent à la peine : il n'y a qu'à lire leur histoire.

— Mais enfin cela prouve tout de même que les facultés supérieures de l'homme ne se développent que lorsque les facultés inférieures n'en éprouvent pas la nécessité. Pourtant les unes ne vont guère sans les autres.

— En somme, la matière serait illusoire, et nous devrions faire tendre tous nos efforts à chercher ce qu'il y a sous la matière, au moyen de l'art d'abord, puis de la philosophie, ou plus exactement, de la théologie, la science des causes. Je reviendrai ici à une idée bizarre : c'est que l'éloignement des passions brutales a produit l'amour, et que l'amour est la source des arts, notamment de la musique. Musset a dit : « La musique est une langue que le génie a inventée pour l'amour. » Donc déjà la musique est dans la région supérieure!

— Nous avons, nous aussi, une littérature créole, et nous aimons la musique, dit M. Vertun; vous avez dû entendre un de nos bals à Cayenne.

— Oui, mais j'avoue que, sous ce point de vue, à Paris on trouve mieux.

M. Verlun nous accompagna au placer Dagobert pour nous montrer un détaché de son placer. Il nous fallut quatre heures de marche. Le sentier longea d'abord une grande crique où l'on pourra donner quatre coups de *sluice* parallèles, puis on gravit des montagnes, c'est-à-dire des collines, et entre temps, nous subissons de petites averses.

Au détaché de Triomphe plusieurs chantiers sont arrêtés, envahis par l'eau, et à cause du manque de mineurs. Il y a eu un retard dans l'envoi des provisions par les canotiers *boschs*, et beaucoup d'ouvriers se sont prétendus malades ou sont allés travailler ailleurs.

En route, nous revenons, Sully et moi, sur nos causeries :

— Vous êtes tout de même par trop pratique. Une pépite, ce n'est pas tout dans la vie.

— Bah! nous autres, nous n'avons pas de plaisir à sonder l'inconnu. Il faut bien nous rabattre sur les plaisirs de la vie.

— Oh, vous savez vous tirer d'affaire! Vous êtes à votre aise partout. On vous mettrait dans le désert que vous en tireriez quelque chose. Il faut le reconnaître, c'est une fameuse qualité. Vous avez bon pied, bon œil, des dents que j'admire, tout!

Seulement vous êtes privé de ce qui est, selon moi, une des grandes jouissances de la vie. Dans le désert, je ne sais si l'on trouverait à manger, mais on trouverait à rêver, et le rêve a des conséquences souvent très pratiques. Il développe l'imagination.

— Il n'en faut pas trop. Savez-vous ce qui arrive aux rêveurs? Avec leur plaisir à rêver, ils *dédaignent* le côté pratique de la vie. Au moment opportun, ils le négligent, on dirait que ça leur est bien égal. D'ailleurs analyser son milieu, ses semblables, c'est intéressant.

— C'est vrai, le rêve peut faire perdre en un instant le fruit de son travail. On ne devrait pas profiter de cette faiblesse d'autrui. Malheureusement, en ce monde, chacun pour soi; si l'un perd son avantage, l'autre le prend. Qui va à la chasse perd sa place.

— Et quand il revient, il trouve un chien! Qui le vaut d'ailleurs! On ne peut pas tout avoir. Vous rêvez, cela vous plaît; soyez content, chantez, dansez!

— Comme la cigale? Je vous dirai que si la fourmi voulait chanter, elle serait ridicule. Celui qui ne sent pas la beauté, tout en étant intelligent, *fait semblant* de la sentir, pour avoir l'air de tout comprendre, et il dupe les autres. Mais l'artiste ne s'y trompe pas, il voit le ridicule de ces jugements, et il en rit, et, à la fin, tout le monde en rit aussi, parce qu'il y a de l'intelligence dans le sentiment. Ah non! L'intelligence pratique ne suffit pas.

— Il en faut, et chacun prend son plaisir où il le trouve. Il en est beaucoup, allez, qui font semblant de croire à la religion et qui, au fond, n'en ont point.

— Justement, ils font semblant de la comprendre. Nous sommes d'accord.

Il serait impossible, pensai-je, de concilier un tempérament intellectuel pur avec un tempérament sentimental, mais heureusement chaque homme possède un peu de l'un et de l'autre, et c'est ainsi qu'on s'entend : théorie et pratique.

CHAPITRE XII

LE PLACER DAGOBERT

Nous avons fait halte au détaché Saint-Jules, où l'on nous prépare un punch au rhum, qui nous remet de la chaleur et de la marche. Nous trouvons là le directeur de Dagobert ou plutôt son adjudant, M. Thamar.

Le sentier que nous prenons est pittoresque et accidenté, mais nous avons plusieurs averses. On gravit de petites montagnes, après avoir longé les criques déboisées déjà exploitées, dans lesquelles la pluie nous inonde sans qu'aucun feuillage ne la retienne. Après les montagnes, nous longeons la crique Absinthe, et je prends les devants avec M. Thamar, le directeur provisoire de Dagobert, venu à notre rencontre. C'est un jeune homme bien découplé, l'air décidé et énergique, qui enjambe les criques et passe les ponts sourcilleux comme un porteur nègre, ou bien un créole. Il m'entraîne à sa suite; Sully reste avec Emma qui va plus lentement, et M. Vertun leur tient compagnie. De grands troncs nous barrent plus d'une fois le passage, en des endroits pleins d'eau et de broussailles, de sorte que je me demande comment Emma s'en tirera.

Mais elle est vaillante. Tout ce sentier est en fort mauvais état, on l'a abandonné pour faire les charrois par un sentier situé en aval.

Une surprise m'attend à mon arrivée à l'établissement Dagobert : c'est une salve de mousqueterie qui me semble être tirée en mon honneur; levant les yeux, en montant le penchant de la colline, j'aperçois au sommet de la case qui domine le village un grand drapeau français, sur un long mât, agité par le vent. Les décharges se répètent une demi-heure plus tard, à l'arrivée de Sully. C'est réellement une réception, mais non officielle : il y a plus de cordialité, il n'y a pas de dissidents, et surtout il n'y a pas de discours. Il est deux heures, et la faim nous presse, ce qui nous empêcherait d'écouter des harangues. Le dîner nous attire davantage. Mais il est précédé de punchs et d'apéritifs variés, comme s'il était nécessaire d'exciter notre appétit. Après la marche, les averses, la dernière montée à gravir après bien d'autres, et à 185 mètres d'altitude, l'appétit vient tout naturellement. Aussi le dîner est fort gai et se termine par de l'enthousiasme quand M. Vertun tire de son sac un gâteau de Savoie, présent de sa cuisinière, tandis que Sully débouche son champagne. Décidément, c'est un pays d'or; il me rappelle le Transvaal avant la guerre.

Le placer Dagobert paraît en pleine prospérité. Il a produit vingt-quatre kilos d'or le mois dernier, et l'on compte dépasser ce chiffre en mars. L'an dernier pourtant, il a eu ses vicissitudes; il a été envahi par les maraudeurs, on nous en fera l'historique.

Cet après-midi, nous faisons un tour aux plantations. Nous prenons successivement un bain aromatique, et nous allons nous coucher de bonne heure. J'ai, à moi seul, une case neuve, construite pour le directeur qui est absent, M. Acratus. Cette case a deux chambres et une salle de bains. Mon lit de planches et d'herbes est excellent. Sans plus me préoccuper des vampires que s'ils n'existaient pas, je m'endors profondément. Une lampe brille sur ma véranda; un boy dort sur un hamac dans la seconde chambre, je suis traité comme un personnage. A trois heures pourtant, les singes hurleurs me tiennent éveillé plus d'une heure; ils gambadent sur les arbres les plus proches. Puis je me rendors pour me lever à six heures, l'heure à laquelle presque subitement, il fait grand jour.

Le placer Dagobert rend en ce moment une moyenne de dix grammes d'or par jour et par homme aux chantiers : il y a des criques nouvellement découvertes, aussi riches, d'après les prospections, que celles qui produisent depuis deux et trois ans. Enfin, il y a toute une région dans l'ouest, qui est fort riche, mais qui a été envahie l'an dernier (1903), par les maraudeurs. Pendant cinq à six mois, ceux-ci ont saccagé les criques, ils étaient deux à trois cents, jusqu'à ce qu'enfin, en novembre, le propriétaire du placer, M. Melkior, de Cayenne, se décidât à envoyer à ses frais une petite expédition pour les expulser. Il obtint soixante-dix soldats avec leurs officiers et sous-officiers, un brigadier de

gendarmerie, un médecin, un arpenteur, et un représentant de la loi. La plus grande difficulté consista à
réunir à Mana le nombre de canots et de pagayeurs
nécessaires. Mais ensuite tout se passa très bien,
personne ne fut malade, il n'y eut aucun accident
sérieux au passage des sauts. Certaines nuits furent
pénibles à cause de la pluie : c'était la fin de la
saison sèche, mais comme il était difficile de construire vingt ou trente carbets tous les soirs, les
hommes suspendaient leurs hamacs entre deux arbres, et s'il tombait des averses, ils les recevaient.
Mais c'est monnaie courante en Guyane, on ne
s'en plaint pas trop : pourtant une forte averse dans
un hamac étanche fait une baignoire.

Les maraudeurs furent expulsés. Pour les obliger
à partir, on saisit leurs vivres sauf l'indispensable
à leur voyage, et l'arpenteur officiel put achever la
délimitation du placer sur le terrain : ce travail est
long et difficile en Guyane, quand on songe que les
placers ont souvent dix à vingt kilomètres de longueur. Il semble qu'il dut être bien facile aux maraudeurs de revenir, après le départ de la force
armée; car il n'y a pas de police possible à pareille
distance, et la zone saccagée était à portée du Maroni, d'où il est facile de fuir en Guyane hollandaise.
Mais les vivres coûtent et il faut les transporter;
aucun maraudeur n'est encore revenu, et le directeur du placer va mettre en exploitation intensive
la région envahie, pour éviter tout nouveau maraudage.

Dans le bois, on est évidemment exposé aux pires

tours de ses semblables : pour l'homme comme pour les animaux, c'est *la loi de la jungle*, comme la décrit Kipling. On ne reçoit guère de nouvelles. Il est des gens dont on est resté sans nouvelles plusieurs années, car ils se déplacent; on les croit là où ils ne sont pas et ils reparaissent inopinément, ou bien on n'en entend plus parler. Les accidents de chasse sont fréquents, celui surtout qui est dû à la décharge accidentelle d'un fusil mal porté. Le chasseur insouciant laisse pendre son fusil qui se trouve coucher en joue l'homme qui le suit. Sur un sentier boueux et glissant, le long d'une pente, j'ai vu l'endroit où ce fait s'est passé peu de temps avant mon passage : en bas, dans la crique, un peu de terre soulevée indique une tombe, et c'est tout; nul ne s'est inquiété du disparu. Un crime, s'il se produit, est bien difficile à découvrir en des régions si désertes.

A déjeuner, Thamar nous fait goûter le *sorol*, la perdrix guyanaise; puis le *pack* ou *paca*, un gibier très fin rappelant le lièvre. Les hoccos, agoutis et pécaris sont l'ordinaire. Mais j'ai goûté d'un mets plus rare, le *singe coatta*. C'est une espèce assez grande de taille; elle atteint trois à quatre pieds. J'ai eu la curiosité de voir écorcher plusieurs coattas, et cela, je pense, m'a empêché de les apprécier comme mets. Une fois dépouillés de leur fourrure, ils ont par trop l'air d'enfants ou même d'adolescents à la peau blanche. Il restait le poil noir de la tête, et cela, avec la peau jaune de leur visage, et leurs petits yeux bridés leur donnait l'air de petits

Japonais. Il paraît qu'on s'habitue à leur goût *sui generis*. Cet animal vivant surtout de fruits, sa chair est beaucoup moins forte que celle du *puma*, et pourtant bien des Guyanais mangent avec plaisir le *puma* ou tigre américain.

Le singe rouge est moins bon que le *coatta*, mais sa fourrure est plus belle, et Sully s'en fait donner un assortiment pour sa maison de Cayenne.

Chaque soir, nous assistons à la pesée de l'or et à sa mise en boîte. Voilà six jours que chaque soir on réunit un peu plus d'un kilo d'or; à vingt-cinq jours de travail, on fera 26 à 28 kilos pour mars. Le résultat des prospections que je fais exécuter correspond à cette production; les directeurs de placers ont une grande expérience locale, et peuvent prédire la production future d'une crique d'après les prospections qu'elle donne; leurs prospections sont nombreuses et méthodiques; ils fondent leur calcul sur le travail par homme et par jour, et non sur la teneur en or par mètre cube. Les Sibériens ont une méthode analogue fort pratique.

Les deux placers Souvenir et Dagobert sont tenus avec un soin méticuleux au point de vue des comptes, de la production et du ravitaillement. On sent un ingénieur à la tête de leurs services. Chaque soir, j'assiste à la distribution des vivres aux ouvriers. Leur nourriture est abondante et variée : morue, bacaliau, bœuf salé, patates, pain, manioc, haricots, lentilles. Celles-ci sont chères, mais elles ont un grand avantage : elles ne se gâtent jamais, tandis que l'humidité gâte les haricots. Le placer pro-

duit du manioc, des patates, des bananes, du maïs
et de la canne à sucre.

Nous allons un jour visiter une crique nouvellement découverte, la crique *Tortue*. Pour y aller,
nous en passons d'abord une autre en exploitation,
déjà située à une heure et demie de l'établissement
central; reprenant dans cette crique une fouille de
prospection, lorsque l'eau est épuisée, voici qu'une
tortue apparaît au fond; c'est une preuve qu'elles
abondent dans ces criques. La crique Tortue, un
peu plus loin, est très étroite, mais nous constatons qu'elle est vraiment riche aux points explorés.
A notre retour, cherchant des affleurements de
quartz, nous passons sous d'énormes blocs de
granite rouge et blanc, grands comme des maisons;
mais la terre rouge, faite de roche décomposée,
apparaît au-dessous. L'endroit est pittoresque sous
le demi-jour de la forêt; d'ailleurs, le ciel est couvert; même, il tombe des averses.

Cependant, nous avons hâte de partir. Des pagayeurs boschs nous ont dit qu'il faut souvent douze
jours de canotage pour descendre de Dagobert au
bourg de Mana, et sept ou huit en *tapouye* (ce sont
de petits voiliers), de Mana à Cayenne. Dans ce cas,
nous arriverions bien juste pour le courrier du
3 avril. Or, Sully a toutes sortes d'affaires à organiser à Cayenne avant cette date, car il désire revenir à Paris avec moi; il attend un mobilier, un automobile, etc. C'est à peine s'il nous reste une
vingtaine de jours. Mais on a donné un bal en
notre honneur pour ce soir, qui sera le dernier, et

il faut au moins le voir, sinon y prendre part.

Dans une petite chambre, occupant tout l'intérieur
d'une case, se trémoussent une cinquantaine de
créoles au teint sombre, noir même, hommes et
femmes. J'ai dit qu'il y a plusieurs femmes occupées
à chaque chantier. On dit bien que quelquefois elles
sont cause de discorde, mais le plus souvent leur
présence attire et retient les ouvriers.

La danse est lente, sans mouvements désordonnés,
qui seraient par trop échauffants sous ce climat;
c'est plutôt un balancement rythmé, presque sans
mouvement des pieds. Mais, si les couples évoluent
avec lenteur, la musique est un tourbillon vertigi-
neux. Cette musique est tout à fait originale : deux
noirs, ou même deux créoles, demi-nus, sont assis
côte à côte sur le plancher; l'un d'eux, de ses doigts
de fer, bat en cadence une plaque de bois résonnante
de façon à produire des roulements rythmés, comme
ceux du tambour, et très rapides; s'il y avait sur ce
rythme des notes musicales, cela ferait sans doute
un air, comme des variations de flûte ou de clarinette évoquent certains airs. L'autre musicien agite
une petite caisse de fer-blanc pleine de sable; il la
secoue violemment, et, cela, c'est l'accompagne-
ment. Nous avons la musique réduite à sa plus
simple expression.

Mais, le plus amusant, c'est de voir les têtes des
deux exécutants. Ce sont des types; ils roulent les
yeux, remuent la tête de droite à gauche, en tous
sens, font de lentes grimaces. Ils me faisaient l'effet
d'être épuisés de fatigue, à force d'exécuter tant de

bruit et de mouvements; mais non, ils peuvent s'en donner toute la nuit. C'est beaucoup plus fatigant que de danser. Quelquefois, l'un ou l'autre des danseurs ébauche une vague mélopée, qui doit être le thème sur lequel brode le tambour de bois. Si ce n'était l'odeur un peu forte qui se dégage de la salle, j'y resterais longtemps : c'est toujours la même chose qu'on regarde, mais on doit arriver, en le considérant, à une sorte de fascination étrange. M. Thamar jouit visiblement de ce spectacle qu'il nous a réservé; il semble regretter de n'y point prendre part. En notre honneur, il fait apporter aux musiciens et aux danseurs quelques bouteilles de véritable tafia, et il s'improvise un buffet vraiment assorti à ce bal.

Au dehors, la nuit est noire, et il tombe par rafales des averses torrentielles; mais la température est tiède. Je vais rejoindre ma case au drapeau, qui domine tout le village et même la colline. Mon boy a suspendu son hamac, mais il n'est pas couché; il faut bien qu'il prenne sa part du bal.

C'est ma dernière nuit aux placers, dans ces cases à jour sur la lisière des bois sauvages; je crois que je vais regretter ces quelques semaines. Si ce n'était l'appréhension de la fièvre et de l'anémie, je passerais volontiers longtemps dans ces bois : l'Européen résiste aussi bien que le créole. Avec une santé solide, des précautions suivies et raisonnées comme celles que prend L'Admiral, une nourriture saine et abondante et un vigoureux exercice tous les jours, la danse même parfois, on peut braver l'humidité de la Guyane; or, l'humidité, c'est le véritable écueil du climat, et non pas le soleil. Dans le bois, il n'y a pas de soleil, et sur les chantiers, avec le casque blanc ou le grand chapeau-parapluie des créoles, le soleil n'est pas dangereux.

Je pense à tout cela, à la magnificence de ce pays et de ses bois, étendu sur ma couche, dans cette atmosphère idéale de douceur, écoutant au loin les bruits du bal, de ce bal sans analogie avec celui de Roméo, comme musique, et je m'endors. Demain, nous allons partir, traverser une dernière fois le grand bois sauvage, et nous embarquer sur la Mana.

CHAPITRE XIII

DESCENTE DE LA RIVIÈRE MANA EN CANOT

Après avoir terminé l'inspection des quatre placers qui m'était confiée, nous quittons le dernier établissement pour descendre à pied au *dégrad* ou débarcadère de la Mana. Il n'y a guère que sept ou huit kilomètres, mais les pluies torrentielles de ces derniers jours ont transformé les criques en lacs, et les bois en marécages.

Le sentier est affreux; sur les criques débordées, les ponts de troncs d'arbres manquent de solidité, parfois flottent et tournent sur eux-mêmes; il est impossible d'y passer debout : il faut passer à califourchon, ou dans l'eau jusqu'au milieu du corps. Je file en avant avec Thamar, le directeur provisoire du placer Dagobert, qui m'aide autant qu'il peut : d'ailleurs les arbres ruissellent et achèvent de nous mouiller. Thamar, ce garçon intelligent qui m'a fort bien expliqué le système des criques qu'il a étudiées, est en même temps un remarquable homme des bois; il en connaît tous les secrets; il échoue pourtant plusieurs fois dans sa recherche des passages à gué, tellement l'eau est haute. Sur le sentier, voici passer un serpent vert, un *jacquot*, qui fuit l'inondation. Parfois surgissent de terre des blocs de quartz où l'on pose le pied avec plaisir, car tout autour le sol est glissant. Je ne suis pas fâché de voir cet aspect de la forêt tropicale. On est inondé, mais il fait tiède, et, tant que l'on est en mouvement, l'humidité ne vous refroidit pas. On a même un certain plaisir à braver impunément des situations que, sous nos climats froids, on ne braverait pas sans risquer quelque peu sa santé.

La dernière crique à passer est un lac de cinquante mètres de largeur, et d'une profondeur inconnue. Les troncs qui servaient de pont ont été emportés par la crue. En vain Thamar cherche un passage. Il appelle les boys du *dégrad*, qui n'est qu'à cent mètres plus loin. Ceux-ci arrivent; deux d'entre eux traversent le gué à l'endroit le moins profond : ils en ont jusqu'au cou. Il faut me décider à passer comme eux, tenant ma montre en l'air, seul objet craignant ici l'humidité. De l'autre côté, le soleil brille sur les toits des magasins, et je vais me sécher en attendant Sully et Emma. Ceux-ci, plus patients que moi, ont fait abattre, par nos porteurs qui les suivent, un arbre immense, et passent l'eau profonde à pied sec. Ils sont pourtant obligés, eux aussi, de changer de linge dans la hutte du magasinier.

Deux canots nous attendent sur la crique Sophie, qui rejoint la Mana près d'ici. Il est midi passé; aussi **nous déjeunons avant de nous embarquer.**

Nos pagayeurs, qui sont des créoles, font aussi leur repas. Nous montons dans nos canots, chacun muni de quatre pagayeurs et d'un pilote. Sully et Emma prennent le plus grand; je monte, seul passager, dans l'autre. Il n'y a pas d'abri, comme en avaient nos canots de l'Approuague; les *pomakarys*, ces abris de feuilles, comme on les appelle en créole, gêneraient le pilote au passage des rapides et des sauts. Un troisième canot descend la Mana avec nous, monté par deux *boschmen*, le père et le fils.

Nous ne sommes pas à cinquante mètres du rivage qu'un clairon retentit. C'est Thamar qui sonne la générale. Aussitôt Sully saisit son winchester qui est chargé, et envoie une salve de dix coups; c'est L'Admiral de la flotte qui répond au général des placers; puis, brusquement, la rivière fait un détour, et nous perdons de vue le *dégrad* de Dagobert. Seuls, des coups de fusil, qui font écho à ceux de Sully, nous parviennent encore, tandis que nous descendons la crique Sophie. Les bords inondés au loin n'offrent aucun atterrissage; nous passons des groupes de carbets dont les toits seuls émergent de l'eau.

Cependant la crique s'élargit, et nous entrons dans la Mana, large et gonflée comme un grand fleuve. Bientôt c'est le confluent du *Coumarou*, et le saut du Grand-Coumarou, signalé par mon pilote. Mais il est invisible; à peine quelques petites vagues, indiquant les rochers à faible profondeur, rident-elles la surface de l'eau. Nous filons sur le courant plus rapide, sûrs que, de ce train, il ne faudra pas treize jours pour descendre à Mana.

Vers cinq heures, nous touchons au saut *Ananas*, et nous décidons d'y coucher, car il y a une chute brusque de trois mètres, et il faudra alléger les canots au moins de notre poids. Nous accostons juste au sommet du saut et l'on amarre les canots. Mais le mien se détache avant que je ne l'aie quitté, et glisse; heureusement je saisis une liane, mon pilote en agrippe une autre, et le canot s'arrête. Un peu plus, nous descendions le saut par l'arrière, et non pas peut-être sans quelque dommage.

Nous passons une bonne nuit, enchantés de reprendre la vie des carbets. Au matin, nous passons à pied le saut Ananas, regardant filer les canots allégés dans les rapides, et nous y remontons quelques instants après. Un léger rideau de brume s'étend sur la rivière, amortissant l'éclat du jour, et créant de jolies perspectives fuyantes. Voici que se répètent les paysages de l'Approuague, les lianes touffues formant devant les arbres de vraies murailles de feuillage rappelant les vieux châteaux couverts de lierre, et sous les buissons poussent les ananas sauvages, qui ont donné leur nom au saut.

Mais, de ces rideaux de feuillages verts, pendent maintenant de splendides grappes de fleurs violettes; parfois même ces fleurs recouvrent tout et montent jusqu'au sommet des arbres. La muraille verte est devenue entièrement violette, et c'est une fête pour les yeux.

Ailleurs, sans qu'il y ait de fleurs visibles, ce

sont des bouffées de parfums qui nous arrivent et qui embaument toute la rivière.

Pour déjeuner, nous faisons halte près d'un groupe de carbets où se trouve amarrée une flottille de canots. Ils portent des provisions venant de Mana pour les placers que nous venons de visiter; mais le courant est si fort que les pagayeurs sont impuissants à le remonter; ils ont dû faire halte. Voilà près de cinquante jours qu'ils sont partis de Mana, le 26 janvier, et ils vont encore être obligés d'attendre quelques jours que la rivière ait baissé. Un peu plus bas, c'est un autre groupe de canots. Voilà donc pourquoi l'on est privé de provisions depuis quatre mois aux placers Saint-Léon et Triomphe : les pagayeurs ont perdu leur temps sur la rivière pendant les quinze ou vingt premiers jours, puis la crue est arrivée et les a immobilisés. Par contre, les pagayeurs de Dagobert, qui sont justement ceux avec qui nous descendons la Mana, bien que partis en février, sont sur la voie du retour.

Les lianes font tantôt des arches de verdure et de fleurs, et tantôt elles s'amoncellent en figurant des collines en dômes plongeant dans la rivière.

Nous arrivons au saut X... où nous passerons la nuit : mais il faut d'abord le franchir. Malgré la crue, il est difficile et nous le descendons à pied, non sans peine; car, même dans l'île par laquelle nous passons, l'eau a envahi le sentier et formé des criques assez profondes. Le passage n'est pas long, mais voici qu'à l'extrémité, nous attendons vainement l'arrivée des canotiers : il faut aller à leur recherche. Une partie seulement des provisions a été déchargée et transportée derrière nous. En montant sur des blocs de granite qui font partie du saut, nous distinguons un de nos canots en détresse contre un îlot. C'est justement celui qui contient nos provisions : un faux coup de pagaie l'a exposé à une lame des rapides qui l'a rempli. Heureusement il a pu accoster l'îlot, et les deux pagayeurs sont en train de vider l'eau avec leurs *couis* (grandes écuelles en fer-blanc). Ils essayent ensuite de traîner le canot par terre le long de l'îlot, pour se trouver ainsi au pied de la chute; car il est impossible de la reprendre en amont. Leurs efforts étant insuffisants, le canot des deux *boschs*, monté par nos deux pilotes, part à leur secours. A son tour, il va se mettre en travers sous un faux coup de pagaie; il embarque. Heureusement il est vide; deux lames, une troisième l'aurait coulé. Mais il passe. Un canot coulé dans un saut est généralement perdu : les hommes même ne s'en tirent pas toujours! Enfin, voilà nos quatre hommes dans l'îlot, et bientôt les deux canots sont traînés au bas du saut; ils filent comme des flèches à travers les derniers rapides, sous nos yeux, et viennent nous prendre pour nous conduire à la station des carbets. Il est sept heures du soir, grande nuit, et nous avons eu un moment d'anxiété.

Nous repartons à six heures et demie du matin pour passer d'abord le saut *Acajou*, presque invisible. Nous aurons une série de sauts à franchir aujourd'hui.

Le saut *Léopard*, bien que fort visible, peut être

franchi sans descendre à terre. C'est le premier
que je passe en plein courant, et l'impression est
plutôt excitante, au sens du mot américain *exciting*,
grisante. Les pagayeurs retirent de l'eau leurs pagaies, sauf celui de tête et le pilote : le courant est
plus que suffisant pour filer vite; la direction seule
importe. C'est là que se révèlent l'à-propos et l'habileté du coup de pagaie. Nous n'avons qu'à nous
tenir immobiles, pour ne pas faire chavirer le canot,
car les lames arrivent à la hauteur des bords; un
rien ferait entrer l'eau, au risque de nous couler.
On passe à quelques centimètres de crêtes de rocs
à fleur d'eau, ou de petits tourbillons. C'est vraiment une chose admirable que la science consommée
de leur art qu'ont ces créoles : on voit qu'ils connaissent les sauts depuis leur enfance, dans tous
leurs détails, et quel que soit le niveau de l'eau, car
la passe varie suivant ce niveau. C'est excitant :
quand un passage est franchi, on attend l'autre avec
le désir de retrouver cette excitation. Chaque saut
n'est pas une chute unique; il est formé de plusieurs
chaînes de rocs à franchir, et dure deux cents à
trois cents mètres.

A midi, nous passons le *Gros-Saut* et le saut
Patawa; la chute totale est de huit à dix mètres :
il y a d'un seul coup une cataracte de trois à
quatre mètres de haut. Sur le bord, il y a deux
tombes, l'une toute fraîche, des victimes du saut.
Pendant notre arrêt, suivant une coutume locale,
Sully fait brûler des bougies sur ces tombes.

C'est ensuite le saut *Topi-Topi* que nous passons

en canot. Outre l'impression du saut *Léopard*, il me cause une légère émotion : entre deux chutes, mon canot se retourne bout pour bout; c'est un cas fréquent avec les courants de divers sens qui arrivent. Et, dans cet immense bruissement des grandes eaux autour de soi, les pagayeurs se comprennent mal. Nous nous accrochons à des branches pendantes d'un îlot propice; nous retournons le canot et il file sans encombre à travers les dernières cataractes de Topi-Topi. Dans ces mouvements, je conçois le danger pour un canot à prêter le flanc aux vagues : il oscille et l'eau y pénètre immédiatement. C'est aussi grave pour un canot que de se briser contre une pointe de roc.

Au delà de Topi-Topi, nous croisons une demi-douzaine de canots avec une troupe de gens qui font sécher des vêtements. Ils allaient au placer Saint-Léon, lorsque, au milieu du saut que nous venons de franchir, un de leurs canots a fait naufrage, avec les bagages de trois passagers, leurs provisions et leurs vêtements; deux autres canots ont été plus ou moins inondés, et ce sont les effets mouillés qu'ils font sécher. Maintenant, quelques-uns d'entre eux vont redescendre à Mana chercher d'autres provisions et d'autres effets. Ce sont seize jours de perdus déjà, car de Mana ici ils ont mis seize jours. Sully, toujours généreux, leur donne des provisions pour permettre à ceux qui vont rester ici d'attendre, car ils vont être obligés d'y rester plus de trois semaines, avec la crue de la Mana. C'est une désagréable aventure.

Dans ce groupe, il y a des femmes et des enfants. Ces dames, fort élégantes physiquement, ne sont heureusement pas délicates et savent se contenter de peu; elles ont même l'air de plaisanter sur leur situation. Elles ne seront guère plus mal qu'aux placers, car elles ont du gibier et des provisions; et puis elles connaissent la vie des bois, elles savent se tirer d'affaire, et ce n'est peut-être pas la première aventure de ce genre qui leur arrive.

Le saut *Continent* est à découvert : nous en passons la partie centrale à pied. Postés, Sully et moi, sur une saillie de rocher qui forme un observatoire naturel sur le fleuve, nous regardons avec envie nos canots filer comme des flèches au milieu de l'écume, du remous contre les rochers, des tourbillons et des lames, dans le fracas de la cataracte.

Nous arrivons bientôt au-dessus du saut *Fracas*, où nous trouvons quelques carbets pour passer la nuit. Il y a des *maringouins*, moustiques d'un bleu d'acier, avec de longs dards qui percent facilement les hamacs. Je dors tout de même, bercé par le roulement sourd et distant du saut *Fracas* qui nous attend demain. Il ne nous engloutira pas; nos pilotes sont habiles.

Nous le défions, en effet, de nos canots qui filent au travers comme des fétus de paille. Nouvelle excitation et nouvelle occasion d'admirer ce jeu de pagaies, qui évite les abîmes des remous, les crêtes sournoises des rochers, et qui dirige le canot toujours au travers des lames. C'est le dernier saut que nous verrons : plus bas, l'eau les a recouverts. Au bout du saut *Fracas*, la rive nous offre un petit spectacle : un temple *bosch*. C'est un autel aux dieux des *boschmen*, élevé sous des arbres d'où pendent des oriflammes blanches. Les *boschs* prient ici, pour se rendre les sauts favorables en les remontant, et pour faire leurs actions de grâces en redescendant. Nos créoles, plus sceptiques, sont tentés de rire de cette dévotion. Les *boschs* ne sont pas, comme eux, gâtés par Cayenne et le contact des blancs.

A une heure, nous passons les criques *Avenir* et *Arrouani*, dans lesquelles on exploite des placers aurifères. Plus bas, ce sont les criques *Enfin* et *Elysée*, bien connues en France par leurs mines d'or d'alluvion, depuis longtemps exploitées. A l'entrée de la crique *Elysée* nous distinguons une masse de diverses machines en train de passer à l'état de vieille ferraille, si l'on ne vient pas bientôt les tirer de leur état précaire : ce sont des dragues.

Au bord de l'eau apparaissent deux grands arbres dominant ceux d'alentour : ce sont des *fromagers*. Je ne sais d'où vient ce nom, ils ne produisent rien de mangeable; ils abritent un placer. Un peu plus bas, trois petites collines rompent la monotonie des berges.

Plusieurs fois nous accostons pour chercher des carbets où nous abriter pour la nuit : les uns sont noyés, les autres occupés. A huit heures seulement, quand il fait complètement noir, nous trouvons de grands carbets sur une haute berge : ils ne sont que partiellement occupés. Cet endroit s'appelle le Grand-

Amadis : hélas! il n'offre rien d'héroïque à conquérir; pourtant, il faut un certain genre de courage pour s'accommoder de ce refuge : il est plein de vermine, de maringouins et de chiques. Je n'ai pas encore vu de chiques en telle abondance. En outre, il y a des vampires, et mon voisin de hamac, un *bosch*, est mordu au pied par ce vilain animal. Pour moi, je dors bien; je le dois, je pense, à la petite fatigue que je me suis volontairement donnée en pagayant plusieurs heures avec mes créoles pour rattraper le canot de Sully qui avait une forte avance. Déjà hier, j'avais pagayé entre les sauts, et cet exercice m'avait détendu de l'éternelle position assise dans le canot.

Toute cette nuit, il tombe une pluie diluvienne. Dans mes instants de réveil, je voyais curieusement circuler ces *boschmen* presque nus avec leur sabre nu au côté : les maringouins les gênaient.

Nous voulions partir à trois heures pour être le soir à Mana, mais, à cinq heures, la pluie est toujours telle que force est bien d'attendre. A sept heures, elle n'a pas cessé; pourtant il faut bien se décider. Avec des caoutchoucs et des parasols, on se tirera d'affaire. Il n'y a plus de sauts à franchir, car les hautes eaux ont recouvert tous les rochers et les sauts de cette région sont peu élevés. Ainsi nous avons passé hier soir, sans nous en douter, le saut *Dalle*, ainsi nommé parce que le passage par où on le franchit est allongé comme une dalle de *sluice*.

Nous passons le *dégrad* du placer *Clovis* : il pleut toujours à torrents. Sully et Emma ont arboré

des chapeaux-parapluies en bois d'*arouman;* c'est
grotesque et pittoresque à la fois. Mon pilote voit
avec inquiétude l'eau ruisseler sur sa peau nue : il
me dit qu'il commence à sentir le froid. A la longue,
ces pluies tièdes refroidissent; c'est leur danger :
il vaut mieux mettre alors un tricot, même mouillé,
comme me le disait mon Indien de l'Approuague.
Je passe au pilote mon caoutchouc, et j'ouvre mon
parasol. Il nous arrive des effluves de parfums provenant de fleurs invisibles, mais cela même ne nous
charme plus. C'est peut-être le bois de rose, ou ce
bois violet que nous avons vu hier, et qui ferait de
si beaux ouvrages d'ébénisterie.

Les *boschs* (qu'on appelle ici *Saramacas*) du troisième canot se sont couchés sous leur prélart, la
toile goudronnée qui recouvre leurs provisions; et,
quand nous rencontrons leur canot, il flotte à la
dérive au milieu de la Mana. C'est ingénieux pour
éviter la pluie, tout en faisant du chemin. Mes boys
sont stoïques sous la pluie. Mon pilote, qui avait
cessé son chant monotone, le reprend sous mon
caoutchouc. C'est une mélopée indéfinie qui rythme
le mouvement des pagaies; car lui aussi pagaye
pour se réchauffer. Ce chant vient du Soudan, en
Afrique, et il est en idiome africain; il dit l'histoire
de la fille du désert. Les boys chantent aussi et pagayent mieux; ils ont les voix de sauvages qu'il faut
avec leur chant : ce sont parfois des éclats violents
qui sonnent faux, mais rappellent les cris aigus de
nos montagnards de Savoie pour s'appeler de très
loin. Je n'oublierai pas ces cinq heures de pluie

sans miséricorde. Je pagayai aussi sur leur rythme, mais je pensais plutôt à des rythmes de Verdi, de ces rythmes italiens à trois temps qui vont si bien aussi avec le mouvement rapide des pagaies.

Après midi, la pluie cesse tout à fait, aussi brusquement et sérieusement qu'elle n'avait cessé de ruisseler. Quand je ne pagayais pas, j'étais occupé à manier le *coui* pour vider l'eau du canot. La Mana devient de plus en plus large et profonde, grâce aux criques qui s'y déversent. Ce fleuve magnifique commence à me rappeler ceux de Sibérie : il est aussi jaune, mais les bords sont d'une végétation bien plus riche.

Nous passons devant Angoulême, l'ancien village de Mana, abandonné comme trop loin de la mer pour les petites goélettes; puis c'est Cormoran, où M. Théodule Leblond, de Cayenne, a entrepris l'exploitation du *balata*, l'arbre dont le suc équivaut à la gutta-percha.

Il fait nuit quand nous arrivons au village indien de Mana, et il y a encore deux heures et demie jusqu'au bourg de Mana. Nous n'entrevoyons les lumières de cette petite localité qu'à dix heures du soir. Sully nous annonce par une salve de son winchester, et les boys entonnent leur chanson avec un nouvel entrain. Cette cinquième journée, ils ont pagayé quinze heures.

Les coups de feu ont attiré quelques personnes avec des lanternes, grâce auxquelles nous réussissons à sortir des canots avec nos bagages, au milieu d'une nuée de moustiques.

CHAPITRE XIV

Mana n'a pas d'hôtels : on nous trouva cependant deux chambres dans deux maisons assez éloignées l'une de l'autre. Je m'étendis sur un lit muni d'un moustiquaire et m'endormis sans retard, en ayant assez de la position assise en canot.

Ce sont des religieuses qui ont fondé Mana; il y a une cinquantaine d'années, en y faisant des plantations de canne à sucre. Elles fabriquent du rhum. Mais la canne à sucre a bien perdu de son importance depuis qu'on fait du sucre de betterave et aussi à cause du manque de main-d'œuvre. Mais, grâce à sa manipulation soignée, le rhum de Mana garde sa réputation d'être le meilleur des Antilles.

Nous dûmes attendre quelques jours l'arrivée de la *Paulette*, le petit voilier que nous avait promis M. Melkior. C'est que nous avions descendu la Mana avec une rapidité inusitée, grâce à la crue et au courant : en été, il faut trois et quatre semaines pour faire ce que nous avions fait en moins de cinq jours. Cependant, le temps ne nous parut pas long. Je vis fabriquer le manioc sous ses deux formes

comestibles : le *couac* et la *cassave*. Le couac est en
grains durs, et me plaît médiocrement; la cassave
est sous forme de galette aplatie, moins dure et
d'un goût agréable. L'opération importante de la
fabrication est la digestion du manioc avec de l'eau
dans un appareil appelé *couleuvre*. Cet appareil,
en fibres de palmier tressées, a la forme d'une couleuvre longue de deux mètres environ : on le remplit de manioc et d'eau, et on l'allonge en l'étirant;
puis on le raccourcit et on le rallonge indéfiniment,
ce qui imite les mouvements du boa pour avaler.
C'est une déglutition complète : l'eau suinte à travers les fibres, et le volume du manioc ingurgité
diminue peu à peu. On remet du manioc sec et l'on
recommence jusqu'à ce que la couleuvre ne s'étire
plus. On grille le produit, ou bien on le cuit en
forme de galette sur un four en pierres sèches, et
l'on a le *couac* et la *cassave*.

M. Sucar, chez qui nous prenons nos repas,
nous offre toute espèce de fruits, depuis les grosses
amandes du *balata* jusqu'à la *confiture macaque*,
sorte de groseille rouge. En outre, il nous charme
par sa voix de ténor, souple et moelleuse; une voix
naturelle bien rare. Cet homme est très grand, brun,
crépu; il a le physique de Dumas père, et il est
artiste.

J'ai dit que les créoles savent être artistes; leurs
histoires en canot le prouvent abondamment : elles
sont pleines de fantaisie et d'imprévu. Et ici, à Mana,
M. Sucar m'en donne une autre preuve, non seulement par sa voix si harmonieuse et si bien timbrée,

mais dans le choix de ses mélodies, tirées des
chefs-d'œuvre italiens, *la Norma*, *la Favorite*, etc.,
mais aussi par le goût avec lequel il chante, par
exemple, certain air de *Mignon* : « Elle ne croyait
pas, dans sa candeur naïve, etc., » si ridicule quand
on accentue sa mesure à trois temps. M. Sucar a
sauvé ce ridicule, et l'air paraît dans toute sa douceur mélancolique. Nous avons passé de bons moments à Mana à causer musique et à entendre
M. Sucar et sa mandoline. Un pauvre instrument,
que la mandoline; mais, lorsqu'il n'y en a pas
d'autre, et qu'une belle voix le domine, c'est encore
charmant! C'était même spirituel avec certaine sérénade guyanaise, paroles et musique de M. Sucar;
un peu méchante, mais jamais on n'eût osé s'en
fâcher.

Ce ne sont pas les instruments qui font la musique, c'est l'âme qui s'en dégage : les uns la comprennent, les autres non. Le grand Beethoven n'avait
qu'un clavecin, une épinette, et pourtant elle a frémi
d'accents que les plus superbes instruments modernes ne connaissent pas, ou dont ils n'ont que de
pâles échos, si quelque hasard le veut. Retrouver les
impressions d'un maître comme Beethoven dans ses
sonates, ses quatuors, ses symphonies, quel problème plein d'exquises sensations! Plus vaste qu'un
problème de géométrie ou d'analyse, il laisse place
à la fantaisie, et quelle fantaisie!

Sucar nous dit avoir songé à ce mot de *Napoléon*
écrit par le grand homme sur sa troisième symphonie, l'*Héroïque*. Celle-ci avait alors une marche

héroïque; c'est après le couronnement de Napoléon
que Beethoven, le traitant d'ambitieux, effaça son nom
et lui fit une marche funèbre, au lieu de la marche
triomphale qu'il avait d'abord composée. Quelle
pouvait être cette marche triomphale de Beethoven,
de cet homme si puissant d'inspiration, possédant
l'intelligence du cœur, pour lui appliquer un mot
de Pascal? Il y en a une, pensais-je : c'est l'adagio
de l'*Ut mineur*, triomphal s'il en fut jamais. Et, à
sa suite, le scherzo et le finale aux allures de che-
vauchée épique, n'est-ce pas là une bataille couronnée
d'une victoire? Voilà la symphonie *Napoléon* tout
entière, toute du style conquérant du premier morceau de l'*Héroïque*, cette page immense que les mots
ne peuvent décrire.

Pourtant, je sais bien que le finale de l'*Héroïque*
aussi est un triomphe, mais ne serait-il pas aussi
bien placé à la fin de l'*Ut mineur* avec la *Marche
funèbre*, et d'accord avec les *notes fatales* du com-
mencement de cette symphonie. Un rêve. Laissons-
le maintenant pour redescendre à terre, et voir la vie
pratique, les travaux des créoles.

J'ai eu la chance de rencontrer en Savoie un ancien curé de Mana, un bon Savoyard. Au bout de
cinq ans, il en est revenu un peu éprouvé par le
climat. Il eut le tort de négliger sa santé en Guyane :
au lieu de manger abondamment, il se contenta du
maïs, de la *polenta* piémontaise que les Guyanais
laissent pour le *couac*. Ici, il laissa d'excellents souvenirs; il faut voir de près cette population pour
comprendre les difficultés de ce ministère.

Le chef de nos canotiers de la Mana est conseiller
municipal, et il est un des plus intelligents du conseil. La mairie est à côté de l'église et donne sur la
grande place de Mana, plantée de superbes man-
guiers. De la place, on peut suivre les délibérations
du conseil, car elles se font à grands cris. On s'y
dispute ferme, et l'on ne fait pas faute de s'y ré-
galer, tout en vidant des litres de rhum. Il paraît
que le budget municipal a de grosses notes pour
les régalades des conseillers. Il faut bien que cette
fonction ait des avantages!

Les ménages doubles et triples ne sont pas rares.
Dans ce pays, la nature déborde; l'homme ne peut
s'empêcher d'en faire autant. Comme tout le monde
est créole ou noir, ce sont forcément des noirs qui
souvent sont fonctionnaires. Il n'y a rien à redire à
cela, sauf qu'il faudrait arriver à tirer de cet état
de choses la civilisation véritable, et non pas sa pa-
rodie. Quelque moqueur de Mana me comparait les
séances du conseil aux séances matinales des singes
hurleurs qu'on entend sur l'autre bord de la rivière :
« Seulement, ajoutait-il, les séances des singes
rouges sont moins longues. »

Il serait banal de citer l'exemple des Anglais dans
leurs Antilles. Les Anglais ont le sens politique et
commercial, mais ils ne savent pas développer le
sens artistique et personnel de leurs sujets antillais
et autres. La France le saurait. En attendant, certaine réforme, bien pratique celle-là, que me signa-
lait Sully, ce serait le service militaire obligatoire
pour les créoles aussi bien que pour les citoyens

français : il inspirerait le sens des responsabilités et de l'ordre. On se heurterait à des difficultés, à la dissimulation des naissances, par exemple; mais, en Algérie, on a bien su s'en tirer : on comprendrait qu'après tout le service militaire a de très bons résultats et on le ferait volontiers.

Les créoles ont d'incontestables qualités : activité, endurance, finesse d'intelligence. Ils ont le droit absolu de participer à leur gouvernement, et c'est une condition essentielle de leur prospérité; car ils se connaissent, savent ce dont ils sont capables, et, par suite, peuvent faire chez eux ce que les blancs ne pourraient faire.

Par exemple, certaines cultures seraient une grande source de prospérité pour la Guyane française, mais elles seront impossibles tant que les mines d'or absorberont toute la main-d'œuvre. Le coton sauvage abonde en Guyane; il n'est nulle part cultivé. Or, la France est entièrement tributaire des Etats-Unis pour le coton qu'elle consomme, et à la merci de ses prix de vente, tandis qu'elle pourrait en produire de la meilleure qualité en Guyane à peu de frais. On dira que la main-d'œuvre nous manque, ce qui est exact; mais la Guyane hollandaise et surtout la Guyane anglaise en ont à profusion. On ne voit donc pas ce qui nous empêche d'en avoir. Il paraîtrait qu'à deux reprises, quand nous avons voulu importer des noirs de nos domaines africains, ou des coolies d'Asie, l'Angleterre est venue nous avertir de son air le plus prude : « Vous savez, c'est la traite des noirs, — ou bien, — des jaunes. » Et, selon l'expression vulgaire, nous avons *calé*. Si cela est exact, nous avons été absurdes, car l'Angleterre et la Hollande n'ont pas fait autre chose pour leurs possessions.

Le *balata* est exploité avec succès en ce moment autour de Mana. Les concessions sont toutes prises, à moins d'aller très loin. On envoie des ouvriers à qui l'on achète leur récolte moyennant 4 francs le kilogramme de gomme. Leur contrat les empêche de vendre à tout autre leur production, et, en outre, chaque récipient porte une marque distinctive. La gomme de balata valant 7 francs le kilogramme en France, il reste une jolie marge de profits, en tenant compte des frais de transport. Seulement, c'est toujours la main-d'œuvre qui est l'écueil dans la question. Souvent aussi il y a des pertes de temps; il faut attendre les pluies pour faire la récolte; le passage des sauts avec des canots chargés de balata peut être périlleux, etc.

L'exploitation des bois d'œuvre et de construction est beaucoup plus difficile; il faut des capitaux et des navires construits spécialement à cet effet. Mais, tôt ou tard, la valeur extraordinaire des bois de la Guyane rendra leur exploitation très florissante; nous en parlerons dans un chapitre spécial.

A quelques heures de Mana, près du lac Arrouani, se trouve une léproserie : une trentaine de lépreux sont soignés par des religieuses. Le docteur de Mana va les visiter de temps à autre. On se plaint qu'aucune amélioration ne soit possible par suite de la mauvaise volonté du service administratif, et parce qu'il n'y a aucune police dans la région.

C'est un fait patent que la police est absolument insuffisante en Guyane, mais elle est difficile à exercer. Nous avons vu les incursions des maraudeurs : on me soutient à Mana que ces maraudeurs ont leur utilité. Ils exploitent et réexploitent des placers jusqu'à leur épuisement complet. Seulement, ce ne sont pas eux qui découvrent les placers; ils arrivent généralement après la nouvelle d'une découverte, et celle-ci est due aux efforts coûteux d'expéditions organisées par les gens entreprenants de la colonie. Ces derniers sont alors frustrés par les maraudeurs. Lorsqu'une découverte est due à des maraudeurs, rien de plus juste que de leur donner la propriété du placer. Il devrait suffire, comme aux Etats-Unis, de planter des poteaux de découverte, et de faire ensuite enregistrer le terrain au service des mines à Cayenne.

Mais les conditions sont spéciales en Guyane : cadastrer la forêt vierge, ce serait un comble. Alors, on distribue le terrain à Cayenne même sans aller le voir. On vérifiera plus tard : les approximations sont légendaires dans le pays. On adapte les terrains au plan, et non pas le plan aux terrains. D'ailleurs, les maraudeurs ne tiennent point à la propriété : ils veulent seulement écouler leur or. Pour vendre de l'or, il faut un *laissez-passer*, et on ne donne ce laissez-passer qu'aux propriétaires de placers. Qu'à cela ne tienne : des gens de Mana ou d'ailleurs ont des concessions de placers, aurifères ou non, sur le plan officiel, et cela leur suffit pour acheter l'or des maraudeurs. Naturellement, ils y prennent leur commission, et, de plus, étant marchands, ils payent en partie avec des provisions. De là vient que les maraudeurs sont fort bien vus en Guyane. Aux Etats-Unis, le laissez-passer est inconnu; chacun peut vendre de l'or, et la fraude est inconnue. En Guyane, outre le laissez-passer, il y a une masse interminable de formalités et de droits à payer, dont 8 pour 100 pour la sortie. Aussi, l'or s'en va en Guyane hollandaise, où il n'y a pas tant de formalités et où le droit de sortie n'est que de 5 pour 100.

Cependant, la *Paulette* est arrivée et déchargée : à sept heures du matin, le 19 mars, nous nous y embarquons pour Cayenne. Nous passons la barre de la Mana juste au moment favorable de la marée, et nous voilà en pleine mer. Le vent souffle du nord-est, et nous allons à l'est; mais le capitaine Boot va où il veut. En moins de trente-neuf heures, nous sommes à Cayenne, et encore un coup de vent a brisé notre mât de hune, ce qui nous a fait perdre quelques heures. Je ne suis pas habitué à ces mouvements saccadés des voiliers contre les lames; pourtant, l'appétit tient bon. Nous avons pu jeter un regard sur les îles du Salut, sans avoir vu la côte, qui est trop loin. A dix heures du soir, nous passons la barre du port de Cayenne.

A terre, je retrouve la grande maison mise à ma disposition à la fin de janvier. Ces sept semaines dans l'intérieur de la Guyane me font l'effet d'un rêve. Sur mon lit, je crois sentir encore le balancement un peu dur de la goélette, et ce sera mon premier plaisir d'aller la voir demain se pavaner gracieusement dans le port. En la revoyant, je distingue près d'elle un autre voilier venu aussi de Mana, la *Belle-Cayennaise*. Celui-ci était parti vingt-quatre heures avant nous ; mais le capitaine n'a pas su se tenir au vent comme Boot, et il est arrivé douze heures après lui ; et son bateau ne vaut pas la *Paulette*.

CHAPITRE XV

La ville de Cayenne est divisée en deux parties assez distinctes, sans être séparées l'une de l'autre. Ce sont, d'un côté, les constructions anciennes; de l'autre, les rues modernes. L'ancien Cayenne était entouré d'un fossé qui a presque entièrement disparu. Il comprenait de très grands bâtiments, solidement construits, restés intacts, et groupés autour du fort *Cépérou*, sur le bord de la mer. Ce fort utilisait une petite colline, un rocher battu des vagues, cachant derrière lui la plaine où Cayenne est construite : on a parlé plusieurs fois de faire sauter ce rocher, pour dégager Cayenne et lui donner plus de vue; mais le pittoresque y perdrait.

A l'est du rocher, ce sont d'abord d'immenses casernes, avec de grandes et hautes salles, à peu près inutilisées maintenant; car le fort Cépérou a été démantelé en faveur de Fort-de-France, qui est notre station navale des Antilles, et la garnison de Cayenne est insignifiante. Derrière les cours des casernes, fermées par de massives et vieilles portes de fer, ce sont les palais du gouvernement et de l'administration. Quelques vieux canons garnissent un promontoire au nord de ces bâtiments. Au sud sont la gendarmerie, puis le grand hôpital. Tout cela est massif, mais solide, et encadré d'un côté par la mer, de l'autre par une vaste place où pousse une herbe épaisse entre des avenues bordées de superbes amandiers. C'est la place d'Armes : sous le climat tropical, la verdure et l'ombre donnent toujours ici une impression de fraîcheur.

Les autres monuments anciens de Cayenne sont le palais de justice, dont les murs et les pilastres noircis encadrent tristement une grande cour d'honneur, puis l'église ou la cathédrale, si l'on veut, qui est dans les mêmes conditions. Le climat humide de Cayenne produit sur les murs les mêmes taches noires qu'on observe sur les monuments de Londres. La cathédrale est insuffisante pour Cayenne : elle est en outre mal aérée, sombre et humide. Il faudrait ici une église comme celle de Fort-de-France, en treillis de fer, toute en fenêtres immenses, pleine d'air et de lumière. Cependant, on peut dire que cette église de Cayenne, isolée sur une place, bordée d'une avenue de palmiers, avec un pourtour en arcades, est encore le plus remarquable monument de la ville.

Il me reste à citer la mairie et le musée, mais leur extérieur n'offre rien de particulier. Le musée renferme une collection de roches, d'oiseaux, de reptiles, de mammifères, etc., qui est très intéressante. Mais la flore et la faune de la Guyane ont fort besoin qu'un savant les étudie : je crois que, depuis les descriptions de Buffon, leur étude n'a fait aucun progrès. L'intérieur de la Guyane, c'est presque la *terra incognita*.

Le reste de la ville est composé de rues très régulières et très propres, qui se croisent à angle droit comme dans les villes américaines modernes. Il y a de très beaux immeubles, appartenant aux plus anciennes familles de la Guyane : les Leblond, les Céide, etc. L'intérieur, avec de larges et hautes salles, de grandes fenêtres, est somptueux et imposant. Pour faire circuler l'air à travers les maisons, on a renoncé aux croisées vitrées; on n'emploie que des volets à jour. Si l'on a de l'air, parfois même des rafales de vent à travers sa demeure, on évite un peu les effets de l'humidité. Les toitures sont faites de lattes en bois, sur lesquelles les pluies torrentielles font un tel fracas que le sommeil le plus dur n'y peut résister.

La ville a de belles esplanades plantées d'arbres, et de magnifiques promenades ombragées sous la forêt. J'ai cité la place d'Armes, mais celle des Amandiers est plus vaste encore, et, en outre, elle donne sur la mer : il y passe constamment le souffle du large, et, dans les chaudes journées, on l'y respire avec délices. Des bancs ont été disposés sous les ombrages des amandiers, et jusque sur un petit promontoire avancé, d'où la vue s'étend au loin sur la plage et les collines de la côte.

La place des Palmistes, au milieu de Cayenne, est unique au monde, par ses deux cents palmiers hauts de trente à quarante mètres, alignés en colonnades de troncs droits et minces, dont le sommet, une touffe de palmes bruissantes, est sans cesse agité. Ils ont dû être plantés en même temps, car ils sont presque égaux. L'un d'eux est *bifide* : à sept ou huit mètres du sol, il se divise en deux troncs parallèles absolument semblables. Sous ces palmiers, ce sont des bouquets de bambous, et des pelouses de hautes herbes séparant des avenues. On a préféré laisser à cette immense place l'aspect d'une savane plutôt que d'y créer des massifs de fleurs. La cime de ces palmistes est hantée d'une nuée d'*urubus*, le vautour de Cayenne, à qui, quoi qu'on dise, on doit bien en partie la propreté des rues. Il est juste de dire que ces rues, balayées par les averses, le sont aussi par les particuliers et par des équipes de forçats.

Je citerai encore une place plus petite, près du port, parce qu'elle possède un groupe en bronze, au centre. Ce groupe représente le député Schœlcher, en redingote, présentant (à la France, je pense) un noir presque nu. Cela signifie l'émancipation des esclaves. M. Schœlcher a un air enthousiaste un peu 1830; le noir a l'air de trouver la chose toute naturelle. C'est qu'en effet, à juger par le nombre de créoles, l'alliance avec les blancs était depuis longtemps un fait accompli. Je ne sais si ce groupe plaît beaucoup à Cayenne.

Le port est encombré par les bâtiments de la douane, dont je parlerai tout à l'heure. C'est dommage, car on y jouit d'une vue captivante sur la mer, la pointe *Macouria* et la rade, où se balancent constamment de nombreux voiliers, goélettes et canots. Il y a même un vieux vapeur, la *Victoire*, sans cesse rapiécé, comme le couteau de Jeannot, portant solidement ses soixante-dix ans. Une fois par mois seulement arrive le courrier français, un vapeur de 1,500 tonneaux.

Il n'y a pas de tramways dans Cayenne, mais on parle d'en construire un. En attendant, on installe la lumière électrique. Mais les Cayennais ont pris à la civilisation ce qu'elle a de plus avancé : les automobiles. Il y en a une dizaine dans Cayenne, presque tous à des particuliers. Les rues rectilignes sont favorables à ce sport. C'est le meilleur mode de locomotion pour ne pas s'échauffer en courses, car les chevaux supportent mal le climat. Il n'y a que les mules qui résistent et quelques Cayennais ont de jolis attelages de ces animaux, qui ne peuvent cependant lutter avec un automobile.

Il y a pourtant fort peu de routes autour de Cayenne, quinze kilomètres en tout; mais les autos les parcourent plusieurs fois. Ce sont d'ailleurs de jolies promenades à travers les forêts vierges de la côte. On espère faire peu à peu une route le long des côtes jusqu'à Mana, et peut-être jusqu'à Surinam, capitale de la Guyane hollandaise. Les autos pourront s'en donner, car cette route sera loin d'être fréquentée comme nos routes de France.

En attendant, les promenades favorites sont celle du jardin d'essais de Baduel, et celle de Montabor. Je ne les ai pas faites; par contre, j'ai passé une journée extrêmement intéressante à la colonie agricole de *Mont-Joly*, en compagnie de son organisateur, M. Bassières. Cette colonie est à huit kilomètres de Cayenne : elle a été fondée pour donner de l'ouvrage et des ressources aux sinistrés de la Martinique, après la fameuse catastrophe de Saint-Pierre. Il y eut d'abord six cents personnes, mais il en est rentré beaucoup à la Martinique, où elles ont retrouvé une occupation. Il reste en ce moment soixante-dix familles, environ deux cent soixante-dix personnes, qui paraissent décidées à rester en Guyane. Un vaste espace de terrain leur a été distribué, divisé en lots. Sur chacun de ces lots se trouve une jolie case et, tout autour, un jardin potager. Le reste du terrain est consacré à la culture préférée du propriétaire : le maïs, les bananes, les patates, le manioc, la canne à sucre, etc.; ou bien les légumes : courges, concombres, haricots, épinards, etc. M. Bassières a particulièrement encouragé ces dernières cultures, comme plus rémunératrices, et Cayenne y trouve un grand avantage : celui de pouvoir acheter des légumes à un prix abordable.

Entre les rangées de propriétés, on a réservé de larges avenues, auxquelles travaillent des escouades de forçats : ce sont ici des Malgaches et des Arabes. Ils ont d'abord déboisé le terrain de Mont-Joly, et maintenant ils en font l'asséchement. Leurs casernements sont de longs bâtiments bien aérés entourés de forêts. Deux ou trois surveillants militaires suffisent à diriger leurs travaux. Ils disposent d'une salle de punition où les récalcitrants sont enchaînés par les pieds; il n'y en avait aucun à mon passage.

A l'entrée de la colonie se trouvent des bureaux, puis les anciens logements des sinistrés de Saint-Pierre. Le paysage est extrêmement calme et reposant; l'aspect est celui d'une prairie plantée de canne à sucre, avec quelques grands arbres : des palmiers et des fromagers. Au delà des forêts qui bornent la colonie, le terrain est vallonné et se termine par des collines qui vont plonger dans la mer. La plage est magnifique, longue de deux à trois kilomètres, isolée entre deux collines, et constitue un site merveilleux. On parle de diviser la forêt voisine en lots, et de la vendre aux enchères pour y construire des villas donnant sur la plage. Celle-ci a une largeur de deux cents mètres. La lisière des bois est formée de buissons bas qui donnent un fruit, l'*icaque*, au goût acide, rappelant ces baies bleuâtres que les enfants aiment beaucoup en hiver, les *prunelles*. Si j'étais destiné à vivre à Cayenne, je choisirais une villa sur cette plage.

Et justement je passai une charmante soirée à la campagne, au bord de la mer, chez M. Léonce Melkior, en compagnie de Sully-L'Admiral et d'un groupe de Cayennais pleins d'entrain et de gaieté. La villa méritait son nom : *la Gaieté*. C'était une petite maison, dont tout le dessous ne formait qu'une grande salle ouverte des quatre côtés. Les grands bois alentour, la plage tout près, et jusqu'au ponceau de bois traversant une crique, tout me rappelait un autre site, dans un pays et sous des cieux pourtant bien différents : la villa de Sedimi et ses

alentours, près de Vladivostok, en Sibérie. Nous
causions ici de la guerre russo-japonaise, que je
n'avais apprise qu'en arrivant à Mana, et je me de-
mandais si ce joli Sedimi n'était pas en ce moment
occupé par ce peuple stupéfiant que les Russes
appellent des macaques, et qui sont des hommes
même peu ordinaires.

A *la Gaieté*, nous goûtâmes toute espèce de fruits :
des pommes-lianes aux variétés inépuisables : *cou-
zou*, *oyampi*, *mari-tambour;* les plus petites sont
les plus savoureuses, mais toutes sont délicieuses.
On nous servit une glace sans doute inconnue en
Europe, une glace au *mombin;* elle ne le cède en
rien à une glace aux fraises.

L'après-midi fut très gai et se termina par un bain
de mer. C'est un hasard heureux de pouvoir goûter
la salure de toutes les mers du globe. Ici, les poissons abondent; il suffit de jeter un filet pour en
attraper de toutes les tailles. On rejette à la mer les
plus gros et les moins bons. En outre, on trouve
fréquemment de grosses tortues de mer échouées
sur le rivage, et dont la chair est très recherchée.
Ces rivages, toujours rafraîchis par la brise, sont
très sains, et c'est pourquoi je ne crains pas de les
comparer, à bien des points de vue, à ceux des
côtes de la mer du Japon, en Sibérie.

Le gouverneur de la Guyane jouit d'un luxueux
chalet, dans une situation semblable à celle du chalet
Melkior et à peu de distance; mais je ne l'ai pas vu.
Je n'ai pas cherché non plus à le voir, préférant les
réunions privées aux réceptions officielles, et la vie

en plein air avec des fruits sauvages, aux mets élaborés savamment. J'ai cité les *pommes-lianes;* il y a
ici aussi les *pommes-cannelle* et les *sapotilles,* et
surtout les mangues : *mangue-amélie, mangue-
julie,* etc. Les amateurs les préfèrent à tout autre
fruit pour leur finesse, leur parfum, leur saveur.
La culture leur fait perdre ce léger goût de térébenthine, que les Guyanais d'ailleurs apprécient : si
la Guyane réussissait à entreprendre le transport
des mangues en Europe et aux États-Unis, elle y
trouverait une fortune, et les gourmands de tous
pays un plaisir. J'ai toujours ouï dire que les entreprises les plus sûres sont fondées sur ce qui se
mange.

A propos d'arbres fruitiers, leur sève est si riche
en Guyane que, pour faire produire aux arbres stériles, on leur applique indifféremment, avec un succès égal, l'un ou l'autre des trois procédés suivants :
on taillade l'écorce à coups de sabre — c'est le procédé des Indiens autochtones — on fait une incision
annulaire assez large à la première écorce; enfin,
on charge de pierres les branches inférieures sur
leur jonction avec le tronc. Je ne sais si, en Europe,
on trouverait aussi heureuse l'application d'un de
ces procédés.

Cayenne est une ville gaie. C'est le type de ces
villes qui centralisent la production d'or d'une région. La vie y est large et plutôt coûteuse; l'intérêt
de l'argent y est élevé : 10 pour 100 sur les immeubles. Cette ville m'a rappelé un peu Johannesburg, au Transvaal, les années avant la guerre; elle

a aussi des rapports avec El Callao, au Venezuela,
et même Dawson-City, en Alaska. Les réceptions
sont luxueuses : le champagne y coule à flots, et
de vastes salles grandioses, comme celles de
M. Th. Leblond, donnant sur la place des Palmistes,
rappellent plutôt les châteaux d'autrefois que les
maisons modernes. On y retrouve les descendants
d'une ancienne race, celle des L'Admiral, des Leblond, etc.

La population créole aime beaucoup à s'amuser.
Elle organise même des baptêmes de poupées. Sully
en a présidé un ces jours-ci. C'est très sérieux et
non pas un jeu d'enfants, comme on le croirait;
mais on s'y amuse ferme, en habit ou en smoking
blancs aux revers de soie blanche. Quels grands
enfants que ces créoles!

Surtout, on aime la danse. Les bals publics ne
sont pas précisément une réjouissance pour ceux
qui habitent dans le voisinage et qui voudraient
dormir. C'était mon cas à la fin de janvier, et,
jusqu'à six heures du matin, ce fut en face de chez
moi un tapage indescriptible : à travers les volets à
jour sans croisées, le bruit m'arrivait comme si le
bal eût été dans ma chambre. C'est d'abord le
rythme cadencé des danseurs infatigables frappant
mollement, mais tous à la fois, le plancher de leurs
pieds nus. Le bavardage est moindre pendant la
danse : l'amour des histoires fait place à la jouissance de cette danse que j'ai décrite au placer Dagobert et qui a quelque chose de félin. Moins agitée
que la nôtre, c'est bien la danse qui convient à un

peuple plus près que nous de la nature, et sous ce climat qui amollit; mais l'exercice est une réaction contre cet amollissement.

Sur le bruit cadencé des pieds, et pour l'exciter plus que pour le rythmer, il y a d'abord l'instrument de bois que l'on bat avec les doigts et la paume de la main, et la boîte de sable secouée sans relâche; mais, à Cayenne, il y a en outre des instruments de musique. J'entendis une clarinette maniée avec une véritable maëstria. Elle joua d'abord des valses, de très jolies valses, de Strauss, de Lanner, etc., et toute espèce de danses, jusque vers deux heures du matin. A partir de ce moment, les danseurs étant sans doute suffisamment rompus aux rythmes dansants, la clarinette se donna libre carrière : ce furent des airs variés, avec d'étourdissantes variations roulées, coulées, piquées; de la virtuosité étincelante; de ces variations que nos créoles, sur la Mana, sifflaient avec un vrai talent. Après les variations, un peu fatigantes pour la respiration, ce furent des airs d'opéras, lents ou vifs, sans transition, avec la plus parfaite indifférence pour la danse en cours : je reconnus au vol *Carmen*, *la Favorite*, *la Traviata*, *Guillaume Tell*, et même *Lohengrin*. Je ne parle pas des opérettes. La boîte à sable et la lame de bois continuaient, sans s'inquiéter de la clarinette, leurs battements et leurs grincements rythmés. C'était admirable, comme chacun de son côté, danseurs et musiciens, s'en donnaient à cœur joie pour jouir à fond de la danse. La pluie tomba par rafales, sans qu'on s'en doutât dans la salle un seul instant.

A côté d'un bal pareil, il est inutile d'essayer de dormir; il faut aller le voir, et c'est intéressant; il y a un buffet et des tables où l'on peut se rafraîchir.

Je vis un autre bal le 2 avril, la veille de Pâques. Outre la clarinette, toujours tenue supérieurement, il y avait deux violons, une contrebasse et un cornet à piston. Les deux violons passaient inaperçus à l'oreille, et pourtant leurs exécutants ne se faisaient pas faute de manier l'archet à tour de bras. Mais que faire contre un piston et une clarinette, un tambour de bois et une boîte à sable? Se taire! mais leur salaire n'eût pas été gagné.

Ces grandes salles de danse sont parfaitement aérées, éclairées à l'électricité; elles ont un promenoir pour les spectateurs, des bancs pour les danseurs fatigués, et des rafraîchissements. La police surveille d'un œil débonnaire.

Le matin de Pâques, jour de mon départ, j'allai visiter le marché que je ne connaissais pas encore. Un gendarme de la Savoie, rencontré à Cayenne, m'ayant persuadé qu'il en valait la peine, vint m'y conduire à cinq heures du matin. J'y trouvai, en effet, une foule considérable et bariolée, toute espèce de fruits et de légumes, des libérés vendant de la viande, le tout relativement un peu cher, au taux de l'unité inférieure de Cayenne, qui est le *sou marqué*, valant deux sous. C'est une jolie pièce de nickel, frappée sous Louis-Philippe. Je constatai avec plaisir l'activité du marché de Cayenne, et surtout je m'aperçus que la population en général et les gendarmes en particulier sont en mesure d'avoir une nourriture saine et réconfortante, comme il convient en Guyane.

La cathédrale était pleine de monde, à déborder sur la place, à la messe de Pâques : l'orgue et les chants s'en donnaient à toute volée. Je dois même mentionner une effroyable cacophonie due au mélange de l'orgue et des chants avec une fanfare jouant des danses, des marches et des pas redoublés : pour comble, je reconnus, sinon les mêmes musiciens, du moins les mêmes airs que la veille au bal créole. Autour de moi, on paraissait ravi d'entendre un pareil charivari. Il paraît que des sons comme des goûts, on ne discute pas. Chacun a sa manière d'honorer Dieu, et peut-être notre grande musique religieuse paraîtrait-elle fade aux oreilles créoles! Elle demande une étude, d'ailleurs. L'idée qu'on se fait de Dieu dépend de la science qu'on possède; on ne peut en imposer une plutôt qu'une autre.

Les Frères des écoles chrétiennes sont très populaires à Cayenne : c'est leur fanfare qui jouait à la grand'messe et nous gratifiait de ses airs intempestifs. Les élèves étaient tout endimanchés : quelques-uns avaient des bas et des souliers bien cirés; d'autres n'avaient qu'un bas et qu'un soulier; pour satisfaire une petite vanité, ils étaient certainement plus mal à l'aise que leurs camarades qui avaient leurs deux pieds nus.

J'ai fait allusion aux forçats une fois ou deux dans mon récit, à propos de la main-d'œuvre et de la colonie pénitentiaire du Maroni. La surveillance ne paraissait pas être suffisante, et la Guyane n'a pas de troupes dans le cas possible d'une révolte des forçats. Voici quelques observations qui m'ont été faites sur le régime du bagne.

Ce régime paraît s'inspirer d'abord du code d'excellence de la nature humaine, inventé par Rousseau dans son *Emile*, et ensuite d'une sorte d'aversion pour tout changement. Le souci principal est de ne donner aucun motif de laisser croire que les forçats sont mal traités, et de suivre la routine. Le nombre total des forçats est d'environ six mille. Il a été renforcé récemment de ceux qu'on a expédiés de la Nouvelle-Calédonie, qui cesserait peu à peu d'être colonie pénitentiaire. Depuis l'année 1854, où la Guyane reçut le premier convoi de condamnés, on peut dire que le travail fait par les forçats est insignifiant, comparé aux dépenses qu'il a occasionnées. Ces dépenses ont dépassé soixante millions, et le travail fait se borne à quelques plantations sur le Maroni; chaque administration nouvelle refait ce qu'avait fait la précédente, et la Guyane reste aussi inculte qu'il y a soixante ans. En colonie anglaise, on aurait évidemment réalisé des défrichements et des routes qui auraient développé le pays. En Guyane, on a fait quinze kilomètres de routes.

Dans les rues de Cayenne, le travail des forçats est peu pénible, et, en le voyant faire, on comprend combien il manque d'entrain et de bonne volonté. *C'est le travail forcé, bien inférieur au travail libre.* Les forçats travaillent moins que les militaires et sont mieux traités. Un condamné qui a une plainte à faire peut s'adresser directement au ministère, sans passer par l'administration, tandis qu'un soldat est oblige de passer par la voie hiérarchique. Un forçat peut ameuter la presse. Ainsi Zola a fait son livre : *Vérité*, qui est un tissu d'erreurs. Que n'est-il venu en Guyane? Il était, certes, assez riche pour payer son voyage, et il aurait pu voir l'île du Diable.

Le contact prolongé entre les forçats de toute catégorie les rend rapidement aussi mauvais les uns que les autres : si l'on isolait les meilleurs (car il y a des crimes par entraînement irréfléchi), on obtiendrait un autre résultat. Il faudrait écarter les pires, comme on coupe un membre malade pour éviter la gangrène. Ensemble, les forçats en arrivent à perdre tout sens moral, à regarder le vol, l'assassinat, comme un devoir dans l'état où la société les a mis. On envoie bien les mauvaises têtes, ou soi-disant telles, aux îles du Salut. Mais on appelle mauvaises têtes ceux qui refusent de travailler; or, ce refus est trop facile à opposer, car il n'y a aucune sanction, aucune punition ayant un résultat effectif comme dans l'armée. Aux îles du Salut, la vie est douce et le climat est bon. Il serait si facile de classer les forçats d'après leur casier judiciaire! Mais ce serait quitter la routine, et se donner de la peine. Peut-être l'un ou l'autre directeur a-t-il essayé, mais il a dû se heurter à la pire des forces, la force d'inertie. Car l'administration ne manque pas de chefs capables et intelligents. Mais, quand une routine dure depuis cinquante et soixante ans, et reste liée à l'influence changeante des régimes que la France subit de son côté, on n'a ni la force ni le temps de faire œuvre qui dure.

Si les forçats sont donc manifestement inutiles à la Guyane, ils sont par surcroît nuisibles à sa réputation, par suite à son peuplement et à son développement. Il vaudrait mieux les envoyer ailleurs, aux îles Kerguélen, par exemple, dans le sud de l'Afrique, où, dit-on, il n'y a que des phoques et un consul. Le climat y est excellent.

Le sort des libérés est moins attrayant que celui forçats. Il leur arrive de demander à faire certains travaux refusés par les forçats, comme trop pénibles, et, en effet, ces libérés gagnent 70 francs par mois, ce qui représente tout juste leur nourriture, à Cayenne. Leur situation est parfois si misérable qu'ils commettent volontairement un délit pour se faire réintégrer au bagne : le tribunal de Cayenne juge constamment des faits de ce genre. Les forçats malades vont à l'hôpital et l'on prolonge leur convalescence par toute espèce de petits soins, tandis que les libérés malades sont envoyés au camp, On saisit sur le vif la sollicitude administrative pour son service, et son indifférence au bien général.

Depuis huit ans, il est question de faire un chemin de fer de pénétration en Guyane; on comptait, mais à tort, semble-t-il, sur l'administration pénitentiaire pour donner sa main-d'œuvre. On ne sait plus maintenant quand on fera ce chemin de fer, ni même si on le fera. Celui qui se construit actuellement en Guyane hollandaise pourrait bien décourager de faire celui de notre colonie, car le projet le plus populaire à Cayenne consistait à aboutir à la haute Mana et au Maroni par l'Approuague, et le chemin de fer hollandais ira justement à l'Awa, sur le Maroni.

Mais, en Guyane française, aucun tracé n'est encore fait; on ne peut donc évaluer les frais de construction, ne sachant pas à quelles difficultés on se heurtera. Quant au but à atteindre, il me semble qu'on n'a que l'embarras du choix : il y a des placers un peu partout, et, *quel que soit le point visé, la région intermédiaire est bonne à développer.*

Les avantages d'un pareil chemin de fer seraient inappréciables : on pourrait exploiter avec profit une quantité de placers, dont actuellement le ravitaillement est trop coûteux pour que le bénéfice soit possible. Surtout on pourrait commencer le défrichement intérieur et la mise en valeur de la Guyane française, comme en Guyane anglaise et hollandaise. L'intérieur du pays est loin d'être malsain, surtout en commençant par cultiver le voisinage de la mer, comme le recommande M. Théodule Leblond. La main-d'œuvre viendra des Antilles à volonté. Il suffirait d'un effort pour mettre en plein rapport cette inépuisable forêt vierge, inhabitée et inconnue. Il faut de l'argent évidemment, mais, avec la production d'or de la Guyane, le capital ne ferait pas défaut, si on l'intéressait à la Guyane, au lieu de l'écarter.

Ceci me conduit à dire quelques mots de la

douane. Le produit principal, c'est l'or. C'est grâce
à l'or que le budget de la colonie donne des excédents. Mais ces excédents, au lieu d'être employés
au profit de la colonie, servent à faire des largesses
administratives. On étudie à la loupe les rouages de
ce régime, comme en France, mais on néglige toute
vue d'ensemble. En outre, la politique sait bien jouer
aussi son rôle.

L'or paye deux taxes : la première, de 5 francs
par kilogramme d'or brut, pour l'entrée dans
Cayenne; la seconde, de 216 francs par kilogramme
pour la sortie, c'est-à-dire 8 pour 100 de l'or brut,
estimé à 2,700 francs le kilogramme. Ces chiffres
sont exagérés d'abord, puisqu'en Guyane hollandaise, aux Etats-Unis, au Transvaal avant la guerre,
on ne payait que 5 pour 100. Mais cela n'est rien.
En se présentant à la douane, il semble qu'il devrait suffire de dire : « J'ai tant d'or; pesez-le. Combien dois-je payer? » Mais il s'agit bien de cela! On
dirait qu'il est honteux de faire de l'impôt une
affaire d'argent. L'important, c'est la paperasserie
et les formalités de l'emballage. Ce n'est qu'aux
Etats-Unis que les questions se résolvent simplement. Ici, il faut des boîtes spéciales, des cachets
spéciaux, un poids spécial, et surtout il faut des
papiers. D'abord, un laissez-passer : si l'on n'a pas
de mine à soi, on ne peut se procurer ce laissez-
passer que par fraude, en utilisant de vieux regis-
tres, ou en s'adressant à des gens qui n'ont des
mines que pour avoir des laissez-passer.

Si l'or est entré sans laissez-passer, il ne peut

plus sortir sans une nouvelle fraude. Pour éviter
ces chicanes, sans parler de celles de la pesée, on
préfère passer l'or en contrebande. En Guyane hollandaise, les poids sont justes, il n'y a pas de laissez-
passer, et l'on ne paye que 5 pour 100. A propos de
pesée, on sait que les commerçants français et
suisses préfèrent envoyer leurs marchandises d'exportation par les ports allemands et italiens plutôt
que par les ports français, Marseille surtout, parce
que les pesées y sont capricieuses, dangereuses et
paperassières.

Tout ceci n'est rien encore : on risque des
amendes et même la confiscation de l'or à la moindre
infraction : par exemple, si le poids indiqué sur le
laissez-passer diffère de 100 grammes, en plus ou
en moins, du poids découvert par la douane. Or,
il s'agit souvent de 20 kilogrammes d'or, et même
davantage. La balance de la douane, usée par l'humidité, a tout autant de chances d'être fausse que
celle du placer. J'ai vu la confiscation se produire
dans le cas suivant : le laissez-passer était arrivé
après l'or; ce sont des canots *boschs* qui portent cet
or à travers des centaines de kilomètres, des sauts
et des rapides; un pilote *bosch* avait oublié de remettre le laissez-passer à son remplaçant. Le propriétaire de l'or a fait appel en France, et, après une
année de discussions, ne s'en est tiré qu'en payant
500 francs d'amende : le plus fort est qu'après avoir
gardé le laissez-passer, on le lui réclamait en le
menaçant d'une nouvelle amende. Il y a de quoi
décourager d'introduire de l'or à Cayenne.

Il en est de même pour les droits sur le rhum.
On paye une taxe de 1 fr. 50 par litre en Guyane,
et, à l'arrivée à Saint-Nazaire, la régie demande encore 4 francs par litre à 100 degrés. Je me demande
d'où vient le rhum qu'on achète en France 3 à
4 francs le litre. C'est un défi jeté aux produits naturels en faveur des produits falsifiés. C'est ainsi
que les droits et les tracasseries imposés en France
aux bouilleurs de cru favorisent les eaux-de-vie fal-
sifiées, aux dépens des eaux-de-vie naturelles. On a
beau se munir à Cayenne d'un certificat d'origine
pour son rhum, on paye à l'arrivée en France
comme pour un rhum étranger. Il vaut évidemment
mieux ne rien déclarer.

Cependant, je quittai Cayenne en regrettant d'avoir
pu passer si peu de temps en Guyane. J'y étais arrivé anxieux du climat, sans y connaître personne
que Sully-L'Admiral. J'avais trouvé un climat idéal,
moyennant quelques précautions, et un accueil plus
qu'agréable, cordial. Vraiment, je partais avec le
désir du retour en Guyane. Sully, qui d'abord comptait revenir en France avec moi, se décidait à rester
pour s'occuper de ses affaires et prendre la direction des placers, s'il y avait lieu. Je partais donc
sans lui, mais avec des Guyanais dont j'avais fait
connaissance. Naturellement, il y eut une séance
d'embrassades sur le bateau, aussi bruyante et dé-
monstrative qu'à mon arrivée.

En route, je fis connaissance d'un homme remarquable par son énergie, depuis vingt ans en
Guyane et au Venezuela : M. Rémeau, le directeur

des mines d'or de Saint-Elie et Adieu-Vat. Son expérience me confirma un grand nombre de faits que je n'avais pu qu'entrevoir, et ses causeries firent le charme de nos promenades et de nos soirées sur la *Ville-de-Tanger*, puis sur le *Versailles*. Si l'on savait, en France, apprécier les hommes de valeur sérieuse, on n'en manquerait pas.

A Fort-de-France, nous prîmes une cargaison de fruits : mangues (les dernières de la saison), ananas, sapotilles, avocas, etc.; des coquillages, de la salade de patawa. Ces fruits font passer d'autres mets plus échauffants.

La Martinique et la Guadeloupe me parurent peu de chose après la végétation si ardente de la Guyane. Ce sont aussi des pays de créoles et on y retrouve, ce qui m'amusa, des noms qui rappellent l'ancienne France, la Révolution et même la Rome antique : Agénor et Alcindor, Scipion et Cicéron, Alcibiade et Métellus, Florimond et Albany, Cornélie et Herménégilde, etc. La liste en serait longue. Elle me suggéra une remarque : c'est qu'en France on abuse vraiment trop des mêmes noms ; il en est bien d'autres qui sont fort harmonieux, mais n'ont qu'un défaut : ils ne sont pas de mode. La mode y reviendra peut-être.

Je ne vis la montagne Pelée que le soir et couverte de nuages; on ne saurait pourtant la passer sans tristesse.

Nous essuyâmes une petite tempête, mais avec des rayons de soleil, du 18 au 20 avril; heureusement, nous étions trop bien habitués à la mer pour en souffrir. Il paraît qu'il y a parfois du soleil dans

les plus grandes tempêtes : il rassure tout de même.
Cependant les dos énormes des vagues, soulevant le
Versailles tout entier pour le laisser ensuite plonger
jusqu'au pont, avec un fracas assourdissant, des
grondements de coups de canon et des rugissements
prolongés, formaient un spectacle qui n'était rien
moins que rassurant. Pour réconforter les dames,
un plaisant leur disait que ces bruits provenaient de
rugissements de lions dans la cale, comme si le
Versailles portait une ménagerie. Pour défier la
tempête, il faut de solides bateaux; mais une tempête est justement une occasion d'étudier quelques
détails de leur construction si savante.

Le point le plus noir à l'horizon fut la douane de
Saint-Nazaire. Mais on sait trop bien, en chemin
de fer comme en bateau, les désagréments de cette
institution ridicule et moyenâgeuse pour que je les
raconte. Je parle de la corvée imposée aux voyageurs et non pas du système protectionniste en général.

CHAPITRE XVI

LES RESSOURCES DE LA GUYANE FRANÇAISE

Pour ne pas interrompre la relation de mon voyage, j'ai préféré réunir à part les renseignements pratiques sur les richesses de la Guyane au point de vue végétal et minéral, et même animal. M. Bassières, de Cayenne, qui dirige le jardin botanique de Baduel et la colonie de Mont-Joly, ne m'en voudra pas si, dans ces notes, je mets fortement à contribution ses renseignements et sa notice sur la Guyane, publiée pour l'Exposition de 1900.

Avant de parler de ces richesses, il n'est pas inutile de dire quelques mots du climat et de la population.

Le climat résulte de la latitude, du voisinage de la mer, de l'immense végétation forestière qui couvre le sol et de l'altitude peu élevée de ce sol. Aussi ce qui caractérise le climat de la Guyane, c'est l'humidité; elle tempère la chaleur qui n'est jamais excessive. Il y a une saison sèche qui est l'été, et une saison des pluies qui est l'hiver. Mais il pleut également en été où la température moyenne est de 27 degrés : août et septembre sont les mois

les plus chauds. En hiver, la température moyenne
est de 25 degrés : janvier et février sont les mois
les plus frais : en mars il y a presque toujours
deux à trois semaines de sécheresse, qu'on appelle
le petit été. En somme la Guyane est favorisée d'un
climat marin très doux, humide surtout, à cause
des forêts et de la mer.

Sur les côtes, il souffle fréquemment une forte
brise venant du large, et très saine à respirer. Il
n'y a pas ici de zones côtières malsaines comme à
la Côte d'Or et à la Côte d'Ivoire, en Afrique. Un
des hommes éminents de la Guyane, M. Théodule
Leblond l'a écrit en toute connaissance de cause :
« Les centres de colonisation doivent être installés
sur le littoral, là où l'air de la mer circule librement, car pendant huit mois de l'année, la direction générale des vents régnants oscille entre l'est-
nord-est et l'est-sud-est. »

Vers l'intérieur, l'énorme exubérance de la végétation, et surtout certaines régions marécageuses
au bord des grands fleuves rendent le climat moins
bon : la fièvre paludéenne pourtant est la seule à
craindre. La fièvre jaune n'est apparue en Guyane
que sur les côtes, à l'improviste, et très rarement :
elle disparaît très vite et ne s'attaque, du moins gra-
vement, qu'aux blancs. Les noirs et les mulâtres
même ne la redoutent que médiocrement. Quant à
la fièvre ordinaire, ou *paludisme*, il faut la combattre par une nourriture abondante et des exercices physiques qui font transpirer, comme la marche : la sueur élimine les principes morbides.

Sans cela, à la longue, la fièvre produit l'anémie,
et chez les noirs, le *béribéri*, ou enflure, auquel les
blancs sont très peu sujets. On peut dire qu'avec
quelques précautions, le climat, même à l'intérieur
de la Guyane, n'est pas malsain, et la seule cause
des indispositions réside dans l'humidité de l'air
et du sol : la chute de pluie est en moyenne de
3 mètres à $4^m,50$ par an, elle est donc très forte.
Quant aux orages, aux ouragans, ils sont très rares,
tandis que dans les Antilles ils sont assez fréquents.
Aux Antilles par contre, il y a des montagnes assez
élevées, 1,500 mètres, où le climat est sain et tem-
péré; tandis qu'en Guyane, même à 200 kilomètres
des côtes, les montagnes n'atteignent que 300 à
400 mètres de hauteur; le climat y est un peu plus
frais seulement que dans les savanes.

On a observé qu'en somme la salubrité est très
grande en Guyane. Le taux de la mortalité n'est
que de 2,53 pour 100, tandis qu'il est de 6,17 pour
100 au Sénégal et de 8 à 9 pour 100 à la Guadeloupe et à la Martinique : on a donc beaucoup
exagéré l'insalubrité prétendue de la Guyane.

La population totale est estimée entre 30 et
35,000 personnes des deux sexes : il y a en moyenne
12 hommes pour 10 femmes, mais en tenant compte
des forçats. Cayenne seule a 12,000 habitants, et
les bourgades de la côte, Mana, etc., en ont 11,000.

Il y a 600 militaires; la garnison de Cayenne a
été très diminuée. Cette ville, fondée en 1635, a
été longtemps un poste militaire avec un fort. Notre
principal centre fortifié est maintenant Fort-de-

France, dont la rade est incomparablement supérieure à celle de Cayenne : celle-ci, en effet, est inaccessible aux navires à fort tirant d'eau, à cause d'une barre qu'on ne franchit qu'à marée basse.

La plus grande partie de la population est métis, croisée de blancs et de noirs, ce qui a produit une race très intelligente, capable d'exagérer tantôt dans un sens, tantôt dans l'autre, les qualités physiques ou morales de ses ascendants. En moyenne, elle m'a paru bien douée, et solidement constituée.

Comme noirs connus, on en compte environ 2,000, y compris quelques centaines d'Indiens connus. Mais il y a en outre 6 à 8,000 inconnus dans l'intérieur des terres; ce sont surtout des Indiens de race rouge : Emerillons, Galibis, etc. Il y a quelques Hindous et Chinois, mais très peu.

Le nombre total des relégués et transportés varie de 5,000 à 6,000 : il doit même aller en augmentant puisqu'on ramène en Guyane les déportés de la Nouvelle-Calédonie. Leurs centres de colonisation sont Saint-Laurent et Saint-Jean, sur le Maroni, et les îles du Salut. J'ai exposé au cours de mon voyage le peu de travail utile qu'ils ont fait au point de vue de la mise en valeur de la Guyane, ce qu'on attribue au manque de plan de colonisation, de la part du gouvernement et de l'administration pénitentiaire.

La population augmente par l'afflux des créoles des Antilles française et anglaise, à la poursuite de l'or. Mais on observe un excès des décès sur

les naissances : cet excès est dû à l'existence des
placers aurifères riches, qui attirent les jeunes gens,
et comme ces placers sont à grande distance des
côtes, la vie pénible et le manque de soins les déci-
ment. Il faut tenir compte aussi pour l'excès des
décès sur les naissances, du grand nombre de forçats improductifs, et enfin de la faible matrimo-
nialité. L'union libre est volontiers pratiquée, ainsi
que la polygamie : d'un côté, il n'y a point d'enfants, de l'autre il y en a trop, mais le père ne s'en
occupe pas, et mal soignés, ils sont décimés.

Quant à la situation économique en général, elle
est mauvaise en ce moment : il n'y a presque ni
agriculture, ni industrie, ni commerce. Tout est
importé, alors que la Guyane pourrait tout produire. On a abandonné presque toutes les plantations de canne à sucre, cacao, etc., pour les mines
d'or. Celles-ci, par contre, qui datent de cinquante
ans environ, sont très prospères. La production va
même en augmentant. Nous en parlerons plus loin,
ainsi que de la colonisation de la Guyane.

Après les hommes, dans une description, il convient de s'occuper des animaux. Ceux-ci sont fort
nombreux et variés en Guyane : la forêt vierge est
un refuge assuré pour toutes les espèces possibles,
et le climat tiède et humide est merveilleusement
favorable à leur développement. Il faudrait un volume entier pour les décrire, mais comme on peut
trouver leur description dans un ouvrage d'histoire
naturelle, je me bornerai à une brève énumération.
Il est curieux de faire remarquer que le grand ou-

vrage de Buffon les décrit déjà avec une très grande exactitude ; il cite même les animaux spéciaux à la Guyane, car Louis XIV avait chargé une mission de s'en occuper.

Parmi les mammifères, les plus curieux sont la sarigue, l'opossum, le tamanoir, le tatou, le paresseux, le tapir, le pécari, l'agouti, l'acouchi, le cabiai, qui est un rongeur de grande taille, il a quatre pieds de long; le porc-épic, le cougouar, le jaguar, le chat-tigre, peu redoutables pour l'homme. Le seul lion est le puma qui également redoute l'homme. Il y a toute espèce de singes : l'ouistiti, le macaque, le sagouin, le coatta, etc. Beaucoup de ces animaux ont des particularités curieuses : la sarigue et l'opossum sont remarquables par le pénis bifide du mâle, la poche marsupiale et la double vulve de la femelle. Le cabiai a les pattes à demi-palmées et plonge aussi bien qu'un canard. Le tapir ou maïpouri, gros comme un petit cheval, a une trompe comme l'éléphant, mais plus courte. Le tatou a près de cent dents. Le porc-épic peut à volonté détacher ses piquants. Le vampire est connu pour sucer le sang des autres animaux. Le singe rouge a un appareil vocal double, lui permettant d'émettre aussi bien des sons aigus que des sons graves.

Les seuls animaux redoutables pour l'homme sont certains reptiles : le serpent-corail, le serpent à sonnettes, le serpent chasseur, le serpent agouti, et les grages, tous venimeux. Le boa constrictor ou grande couleuvre, comme on l'appelle en Guyane, n'est pas venimeux, mais il est capable d'étouffer un homme comme il étouffe les autres animaux, et de même le devin. Les autres serpents : le jacquot qui est vert, le rouleau, le réseau, le serpent à deux têtes ou maman-fourmis, qu'on trouve souvent au fond du nid des fourmis-manioc, etc., ne sont pas dangereux.

Les sauriens présentent des individus remarquables : un caméléon, l'agama; l'iguane vert, dont la chair blanche est fine et recherchée, ainsi que les œufs; puis le caïman également mangeable quand il est jeune; il est peureux et n'attaque pas l'homme comme l'alligator du Brésil; il y a toute espèce de tortues; l'une d'elles passe à tort pour venimeuse, mais sa morsure est très douloureuse.

Il faudrait citer d'autres êtres désagréables : les fourmis qui ont tant de variétés, dont quelques-unes dangereuses pour l'homme; les moustiques, les tiques, les chiques qui pullulent en certains endroits et peuvent, si l'on ne s'en débarrasse pas, atrophier le pied auquel elles s'attaquent. Enfin les araignées avec la gigantesque araignée-crabe qui est venimeuse.

Mais il faut en venir aux oiseaux qui sont le grand charme du *bois sauvage* ; ce sont les plus beaux du monde : on en avait fait une splendide collection qui fut enlevée en 1809 lors de l'invasion anglo-portugaise, elle figure maintenant au British Museum, à Londres. Je citerai le pélican, la frégate, le phaéton, le goéland, le bec-en-ciseaux; puis la bécasse, le héron, la grue, le râle, le jacana,

le serpentaire, le kamichi dont les ailes sont armées
d'un ergot, l'agami, l'aigrette, l'ibis. J'ai cité dans
mon voyage les hoccos, si délicieux à manger, ils
ont un panache et de belles plumes frisées; puis
les marayes, les perdrix, les cailles, etc.; les tor-
cols, les mésanges, les grives, les rossignols, les
alouettes, les papes, les cardinaux, les évêques,
tous aux couleurs éclatantes; les colibris et enfin
les toucans, couroucous, aracaris, etc. Parmi les
oiseaux rapaces, l'urubu pullule à Cayenne; dans
la forêt, il y a le grand aigle, le condor, l'effraye,
la harpie, etc. J'allais oublier l'immense variété des
oiseaux chanteurs aux couleurs voyantes : perroquets, aras, perruches, bleus, verts et rouge écar-
late qui jettent leurs cris aigus dans le bois, sur les
fleuves, en tranchant de leurs teintes vives sur le
vert des arbres.

Après les animaux, l'homme s'intéresse surtout
aux fruits parmi les végétaux. Il faudrait donc les
énumérer d'abord, mais ils sont innombrables :
les Guyanais eux-mêmes ne les connaissent pas
tous. Je citerai les plus fameux : ce sont la noix de
coco, et les amandes des divers palmiers qui donnent en outre le chou palmiste; l'igname, l'ananas,
la banane, la vanille, la pomme cannelle, la barba-
dille, le mari-tambour, et d'autres variétés, l'avoca,
la mangue, les mombin, la pomme de Cythère, l'anis,
le sapotille, la poire de Guyane, la prune de
Guyane, la cerise de Guyane, la goyave, le parépou. Les fruits ne se décrivent pas, ils se goûtent;
le plus fameux, selon moi, est la mangue, qui méri-

terait des efforts pour être transportée en Europe.
Je citerai aussi le café, les piments, le melon d'eau,
la calebasse, puis la patate, le manioc, l'igname, etc.,
qui sont des racines; puis le gingembre, le poivre,
la muscade, le cacao; puis le calou ou gombo, qui
est un légume; enfin la canne à sucre que tous les
indigènes sucent et qui pousse à l'état sauvage.
Presque tous ces fruits ont l'avantage de se manger
tels qu'ils sont sur l'arbre, sauf pourtant les racines.

Avant de décrire les ressources forestières de la
Guyane, nous dirons quelques mots des cultures
qui ont été entreprises, et qui ont été plus ou moins
abandonnées.

Sur 12 millions d'hectares, à peine 3,500 sont-ils
mis en culture, formant 1,500 exploitations, qui
occupent 6,000 travailleurs; leur but unique, ou
presque, est la culture vivrière : il n'est pas question ici de la colonie pénitentiaire.

La canne à sucre est tombée de 1,571 hectares
en 1836 à 15 hectares en 1885. La production, qui
était de 3,000 tonnes, est tombée à 52 tonnes. La
production de rhum, en 1897, n'était que de
24,000 litres, et le centre principal est Mana, où
les plantations et la fabrication du rhum sont
l'œuvre d'une communauté religieuse de femmes.
Le rhum de Mana est le meilleur des Antilles.

Le cacao, qui rendait 40,000 kilos en 1832, n'en
rendait plus qu'une vingtaine de mille il y a quelques années. Il est en reprise depuis que le gouvernement offre une prime d'un franc par pied de
cacao replanté.

Le café rendait 46,000 kilos en 1835, et seulement 17,000 en 1885. Depuis, il ne cesse de baisser encore.

On cultivait en 1879 près de 1,000 hectares de rocouyer, et à peine 300 en 1890. La baisse ne fait que continuer.

Les cultures vivrières : bananes, manioc, igname, sont stationnaires; par contre, les fourrages verts sont en bonne croissance, et réussissent bien.

Comme débouchés, la Guyane a d'abord la France pour le cacao, le café, le thé, la vanille, le coton qu'elle a malheureusement abandonné; puis le caoutchouc, le balata depuis quelques années, les peaux, les plumes, les bois de teinture et de construction, le bois de rose, etc., comme nous le verrons.

Pour les animaux de boucherie et les bois, la Guyane aurait les Antilles; et enfin pour tous les articles de consommation vivrière, la Guyane pourrait se fournir elle-même au lieu d'en importer chaque année pour deux millions de francs : conserves, légumes, etc.

Ce ne sont pas les terrains favorables qui manquent; ils sont au contraire en grande abondance, et pour toute espèce de culture, les uns pour de riches et vastes pâturages, les autres pour les arbustes à épices, le cacao, le café, etc., et enfin pour les arbres fruitiers.

La Guyane possède un terrain très fertile, produisant sans engrais et sans labours profonds. La seule difficulté, et elle est assez grande, c'est le défrichement de ces arbres immenses sur un sol humide; on les abat assez bien, car ils ont peu de racines, mais il est très difficile d'y mettre le feu.

Nous allons examiner avec plus de détail les productions naturelles du sol, en les classant, suivant leurs propriétés.

1° *Plantes féculentes*. — La principale est le *manioc*, susceptible de produire en quinze mois : il donne comme produits le couac très goûté des créoles; la cassave, qui est une galette; et le tapioca, très employé en Europe.

La *patate* blanche, ou rouge, peut donner des produits en trois mois.

L'*igname* produit en dix mois.

L'*arrow-root* à l'état sauvage, produit en douze mois.

Le *riz* produit en cinq mois, deux fois par an.

Le *maïs* donne trois récoltes par an.

Le *bananier*, avec ses nombreuses variétés, peut produire 24,000 kilogrammes de fruits par hectare, donnant 5,800 kilogrammes de farine. Un régime de bananes peut atteindre le poids de 25 à 30 kilogrammes.

Le *topinambour*, la *citrouille*, le *châtaignier* de Guyane réussissent. L'*arbre à pain*, qui n'a pas de gluten, est impropre à faire du pain.

2° *Plantes aromatiques et condimentaires*. — La première est la *vanille* : c'est une orchidée qui, à l'état sauvage, donne le *vanillon*, valant déjà 25 à 30 francs le kilogramme. On la cultive sous trois variétés : la grosse vanille, la petite et la longue, également parfumées. Le fruit a la forme d'une baie charnue à trois côtes remplie d'une fine semence brune. En deux ou trois ans, un hectare produit de 200 à 500 kilogrammes de gousses marchandes, valant 30 à 70 francs le kilogramme, suivant la qualité et la longueur. Il est étonnant, dit M. Bassières, que cette culture, qui n'exige ni main-d'œuvre considérable, ni grands capitaux, ne soit pas pratiquée en grand à la Guyane.

Les *cannelliers* donnent des produits supérieurs, qui ont contribué beaucoup autrefois à la prospérité agricole de la Guyane.

Le *poivrier*, le *giroflier*, le *muscadier*, le *gingembre* sont très estimés, ce dernier surtout, par les Anglais, qui en mettent dans tous leurs aliments et même dans leurs boissons. Il faut citer aussi le *safran*, le *vétiver*, le *bois d'Inde*, l'*oranger*, le *citronnier*, l'herbe appelée *citronnelle*, qui a un goût prononcé de citron sans être acide, et passe pour un fébrifuge; enfin, le *bergamotier*, le *diapana*, le *mandarinier*, le *cerisier de Cayenne*, etc.

Parmi les plantes aromatiques seulement, il y a une série de bois dont le principal est le *bois de rose* : son essence est jaune, a le parfum de rose et vaut 25 francs le litre. La Guyane exporte en France à la fois l'essence et le bois. Les autres plantes aromatique guyanaises sont le *sassafras*, le *gaïac*, dont l'amande parfumée est très recherchée, le *couchiri*, la *maniguette*, la *liane-ail*, l'*ambrette*, le *couguericou*, etc.

3° *Plantes tinctoriales*. — La principale est le *rocouyer*, qui produit la bixine, matière colorante jaune rougeâtre. L'*indigotier* pousse sans culture et abonde en certains endroits. Le *safran* contient une résine jaune employée en cuisine et en médecine, sans parler de la chimie et de la teinturerie; il abonde en Guyane.

Parmi les essences forestières, il y a le *bois de campêche*, le *bois de grignon* servant pour le tannage, le *bois du Brésil*, l'*aréquier*, le *palétuvier*, la *gomme-gutte* qui donne une couleur jaune.

Le *caraguérou* donne une couleur rouge. Le *bougouani* donne une couleur foncée, tirant sur le noir. Le *simira* donne un rouge vif. Le *balourou* donne le pourpre. Enfin, le *bois violet* est déjà par lui-même d'une magnifique couleur violet sombre. Il faudrait citer encore le *goyavier*, le *génipa*, le *mincoart*, etc., etc.

4° *Plantes oléagineuses*. — L'*arachide*, si cultivée en Afrique et dans l'Amérique du Nord, est naturelle en Guyane; or, la France importe annuellement plus de cent mille tonnes d'arachides, valant 200 francs la tonne.

Le *cocotier* donne l'huile de coco, le coprah, et le beurre de coco.

Le *ricin* pousse abondamment en Guyane.

Le *cacaoyer* et le *muscadier* donnent les beurres de cacao et de muscade.

On tire aussi des huiles du *médicinier*, du *sésame*. Le palmier *aoura* donne l'huile de palme. L'*acajou* donne l'huile des Caraïbes. Le *carapa*, le *coupi*, le *yayamadou*, le *palmier maripa*, l'*ouabé*, le *patawa* donnent des huiles, des graisses, de la cire. L'huile de *pekea* peut rivaliser pour la cuisine avec l'huile d'olives.

Il faut citer aussi le *cirier d'Amérique*, le *pinot*, le *comou*, le *palmiste*, le *carnaübe*, le *conana*, qui sont des palmiers; enfin, le *savonnier*, le *sablier*, le *touka*, l'*arouman*, le *lilas du Japon*, etc., donnant tous des substances grasses. On compte beaucoup les utiliser pour les fabrications du savon et des bougies.

5° *Plantes textiles*. — Le *coton de Guyane*, dit coton longue-soie, que produisait autrefois la colonie, était très estimé. Il a été abandonné. Cependant, cette culture pourrait être reprise avec fruit, quand on songe que la France est tributaire des Etats-Unis pour cette plante. Elle produit surtout entre trois et cinq ans, mais peut durer dix ans en donnant deux récoltes par an, soit 300 kilogrammes de coton marchand par hectare et par an.

La *ramie*, qui a de très belles fibres ayant la longueur exceptionnelle de 1^m,85, a aussi un très bel avenir. La France en consomme annuellement pour 300 millions de francs, dit M. Bassières.

L'*agave* a des feuilles très longues, de 1^m,50 à 2 mètres, qu'on coupe au moment de la floraison : elles donnent une filasse blanche et brillante dont on fait des cordages, des filets et des objets de luxe : tapis, bourses, etc.

Les feuilles du *voaquois* servent à fabriquer des nattes, des sacs d'emballage, des chapeaux créoles, etc. Le voaquois a été introduit en Guyane, et avec succès.

L'*ananas* a des fibres très fines, mais difficiles à isoler. L'*yucca* également.

On fait également de la filasse avec le *moucou-moucou*, l'*ouadé-ouadé*, le *rose de Chine*, le *calou* ou *gombo* (*okra* en Californie), et avec des fibres de grands arbres comme le *maho*, le *balourou*, le *canari macaque*.

Les larges feuilles en éventail de l'*arouman* donnent avec leurs côtes des lanières dont on fait en Guyane toute espèce d'objets en vannerie et en sparterie, d'une solidité à toute épreuve. Les indigènes les teignent en rouge par le rocou, ou en noir par le génipa, et, en entremêlant les couleurs, font des dessins pittoresques. On pourrait en faire des chaises de paille, etc.

Le *fromager* a ses graines enveloppées d'un duvet cotonneux, long, de couleur brune, appelé *soie du fromager*. Aux Antilles on en fait des matelas et des oreillers. Aux Etats-Unis, on en fait des chapeaux de soie.

Je citerai encore, comme textiles, le *kérété*, le *piaçaba*, le *bambou*, la *feuille à polir*, le *cocotier*, l'*aouara*, les *bâches*, beaucoup d'autres palmiers très nombreux en Guyane, et enfin toute espèce de lianes, dont on fait des cordes, des liens grossiers, même des manches de fouet.

6° *Plantes médicinales.* — L'*ipéca* est fourni par beaucoup de plantes, rubiacées, violacées, ménispermées, etc.

Le *bois piquant jaune* usité comme vulnéraire, diurétique, odontalgique, est, paraît-il, d'un usage courant aux Etats-Unis.

Le *coachi* remplace, paraît-il, le houblon dans la fabrication de la bière; il sert en infusion (bois et racines) contre les fièvres intermittentes. C'est aussi un tonique et un apéritif énergique. Il a été étudié à Marseille par le Dr Heckel. Le *simarouba* a des propriétés analogues.

Les racines du *pareira* sont un vomitif, et sont employées aussi contre la morsure des serpents.

7° *Gommes et résines.* — Il y a en ce moment en Guyane un arbre qui prend une grande importance industrielle : c'est le *balata*. Il donne, outre un bois de construction hors ligne, une gomme tout à fait analogue à la *gutta-percha* de la Malaisie. On la préfère même à la gutta-percha, car elle se prête mieux encore à l'industrie électrique, à la galvanoplastie, aux câbles sous-marins, aux instruments de chirurgie. Un arbre produit chaque année 5 à 6 kilogrammés de gomme, au maximum, et un kilogramme au moins. La valeur du balata est de 5 francs le kilogramme à Cayenne : on l'exploite déjà sur la rivière Mana, et ailleurs, avec succès.

Le *caoutchouc* guyanais est équivalent à tout autre caoutchouc. L'arbre est en plein rendement à seize ans. Il donne par an 2 kilogrammes en moyenne. A Cayenne, le caoutchouc vaut 4 francs. Au Havre, il en vaut 10 et plus.

Le *copahu* donne un baume odorant, qui a le

parfum d'aloès, tandis que le copahu du Brésil et celui de Colombie ont une odeur désagréable.

L'*encens de Guyane* donne un liquide épais et blanchâtre qui se prend en grains très odorants; la flamme est rouge, et la fumée très parfumée. Un arbre donne un demi à 2 kilogrammes par an. On s'en sert dans les églises de Cayenne et des Antilles pour remplacer l'encens. Cet arbre abonde dans les forêts.

La résine de l'*antiar* sert aux indigènes pour empoisonner leurs flèches, mais c'est plutôt le suc qu'on en extrait qui est vénéneux.

L'*houmiri* ou *bois rouge* produit une sorte de colophane.

La résine de *mani* sert aux indigènes à calfater leurs pirogues et à fixer le fer de leurs flèches : elle est noire et ressemble au goudron.

L'*anacardier* donne une gomme rougeâtre dont les propriétés sont analogues à celles de la gomme arabique, si exploitée sur la côte de Guinée.

Le *mancenillier* ou *figuier sauvage*, dont le fruit est un poison violent, donne une résine extensible qui rappelle la gutta-percha.

On tire aussi des gommes et résines du *poirier de Guyane*, du *mapa*, du *satiné-rubané*, du *fromager*, du *grignon*, du *jacquier*, du *manguier*, du *wapa*, du *coumaté*, etc.; mais leurs usages ne sont pas encore bien définis, soit comme colle, comme vernis, comme mordant, etc.

Avant de parler des bois de construction, je dois dire quelques mots des quelques cultures entre-

prises en Guyane, et plus ou moins délaissées : la
canne à sucre, le cacao, le café et le tabac.

La grande cause de l'abandon de la *canne à
sucre*, aussi bien en Guyane que dans d'autres colonies, a été l'essor de l'industrie sucrière en
Europe, et en France surtout. En 1836, la Guyane
exportait 2,120 tonnes de sucre; aujourd'hui, elle
n'en exporte plus. Par contre, on fait du rhum à
Mana, et on en faisait sur l'Approuague; mais cette
industrie tend encore à décroître, alors qu'en Guyane
hollandaise et anglaise, et aux Antilles anglaises, les
rhums et les tafias se fabriquent en grand, et écar-
tent la concurrence de la Guyane par leur prix, sans
parler du droit de douane exorbitant que paye le
rhum guyanais, pour entrer en France, depuis la
loi des bouilleurs de cru.

Le *cacao* est fait avec les graines du fruit ou
cabosse du cacaoyer. Un arbre produit par an un à
2 kilogrammes de cacao sec, valant un franc à
2 fr. 50 le kilogramme. La Guyane pourrait en
fournir toute la France qui en consomme 14,000 tonnes par an, et l'on a récemment encouragé cette
plantation en donnant un franc par pied replanté.
L'arbre, étant indigène en Guyane, ne donne pas de
frais de culture.

Il y a trois espèces de *café* en Guyane; l'espèce,
dite *guyanensis*, donne de petits grains; un pied de
caféier donne en moyenne un demi-kilogramme de
café par an; c'est une culture à encourager.

Le *tabac* indigène de Guyane a été estimé par la
régie assimilable aux meilleures sortes de France;

or, la France en consomme 16 à 20 millions de kilogrammes par an, et la Guyane seule près de 100,000 kilogrammes qu'elle importe, car elle ne cultive plus le tabac. Ce serait donc une culture rémunératrice.

M. Bassières, dans son ouvrage, entre dans de nombreux détails très intéressants sur l'*industrie pastorale* et l'*élevage* en Guyane; la Guyane n'a pas de races d'animaux domestiques, et on n'y fait pas d'élevage; cependant, les quelques expériences faites démontrent que le succès serait facile, car il existe des savanes et des pâturages; mais il faut peut-être attendre qu'ils soient accessibles, car la forêt vierge me paraît encore trop envahissante. En attendant que la Guyane ait des chemins de fer et des troupeaux, le gibier est encore trop abondant et de trop bonne qualité pour que l'absence de viande de bœuf ou de mouton se fasse trop violemment sentir, du moins quand on vit dans la forêt. A Cayenne, c'est autre chose, mais il est vrai que Cayenne, à lui seul, mériterait d'être à proximité d'une exploitation agricole, au lieu de recevoir sa viande de boucherie des Guyanes voisines et même du Venezuela et des Antilles.

8° *Bois de construction.* — L'exploitation des bois paraît devoir être la véritable industrie future de la Guyane, car les bois d'œuvre sont de qualité supérieure et très abondants. Alors qu'il semblerait que, dans un climat si humide et si tiède, les bois devraient être spongieux et légers, ils sont, au contraire, d'une dureté qui défie tout autre bois, et d'un poids tel qu'ils s'accumulent au fond des rivières, ayant souvent une densité bien supérieure à l'eau, atteignant 1,30. Je dois répéter ici ce qu'en dit M. Bassières qui les a étudiés spécialement, car la description des forêts forme la plus grande partie de sa notice sur la Guyane.

« Pour les bois d'œuvre, des expériences faites comparativement avec quelques essences guyanaises et les meilleurs bois d'Europe ont montré la supériorité incontestable des premières, au point de vue de la durée autant que de la résistance à la rupture. Des pièces d'*angélique*, par exemple, employées à côté de semblables pièces de chêne, dans le corps de plusieurs navires de guerre français, ont été retrouvés, à la visite, plusieurs années après, absolument intactes, alors que le chêne était complètement pourri. Quant à la résistance, elle a été reconnue, pour le *balata* entre autres, plus de trois fois supérieure à celle du chêne, et près de deux fois supérieure à celle du teck de première qualité. L'élasticité du *courbaril* est quatre fois plus grande que celle du chêne, et deux fois supérieure à celle du teck. Les essences guyanaises qui paraissent les plus durables sont : le *coupi*, le *bois violet*, le *wacapou* et l'*angélique*. »

Il y a en Guyane, outre les bois utiles, toute une variété sans pareille de bois de travail, magnifiques pour la menuiserie et l'ébénisterie de luxe. Citons ici les expressions de M. Jules Gros : « Les bois précieux de Guyane sont un des chefs-d'œuvre de la création. Quelques-uns offrent un parfum plus délicat que les plus suaves aromes, les autres des couleurs plus belles que celles des plus beaux marbres. Blanc de lait, noir de jais, rouge, rouge de sang, veiné, marbré, satiné, moucheté (le bois dit satiné-rubané), jaune sombre, jaune clair (le bois-serpent est rayé jaune et noir), bleu de cobalt, bleu d'azur, violet, vert tendre, toutes les couleurs ont été mises à contribution par la nature. Un hectare de bois de la Guyane française pourrait fournir les éléments de la plus admirable mosaïque que l'on ait encore jamais vue. »

J'ajoute que le musée de Cayenne a commencé cette mosaïque. La carrosserie de luxe, les automobiles, les meubles *modern-style* trouveraient aisément de quoi réaliser leurs rêves originaux avec les bois guyanais.

Je vais décrire les principaux de ces bois en suivant la classification de M. Bassières, relative à leurs qualités de dureté et à leurs couleurs.

1° *Bois incorruptibles et de première dureté.* — Le *wacapou* est le premier; il se conserve indéfiniment, il durcit en vieillissant. Il est assez rare sur le littoral; il faut aller au delà des premiers sauts des rivières pour le trouver. En Guyane hollandaise, on l'appelle *bruin-hart*. Les fibres sont droites.

Le *cœur-dehors* est plus rare que le wacapou; les fibres sont croisées et ondulées, de sorte qu'il se fend mal. Mais il est incorruptible.

Le *gaïac* vaut le wacapou, mais il est plus dur à travailler. Sa densité est de 1,153 à l'état sec; il est donc très lourd et ne flotte pas. Ses fibres sont croisées et flexueuses. Il est très abondant en Guyane. En Europe, on l'importe du Brésil.

Le *mora excelsa* est très bon pour les constructions navales.

Le *balata, bullet-tree* ou *bully*, en anglais, est très employé à Cayenne.

L'*ébène verte* a les fibres serrées et très régulières : on l'emploie pour les tables d'harmonie des pianos. Sa densité est de 1,21 à l'état sec.

L'*ébène soufrée* est identique à l'ébène verte, mais saupoudrée de taches jaunes auxquelles elle doit son nom.

Le *bois violet* durcit beaucoup en vieillissant : sa densité est de 0,72. Il est commun dans l'intérieur de la Guyane.

Le *wapa* est un bois rouge foncé, un peu moins dur et un peu moins lourd que les précédents. Il est très commun en Guÿane. C'est une légumineuse, comme plusieurs des précédents et des suivants.

L'*angélique* est relativement léger; sa densité est 0,746 à l'état sec. Il s'emploie peu, bien qu'il soit abondant, parce qu'on prétend qu'il fait rouiller les clous. C'est cependant, comme nous l'avons vu, un des meilleurs bois pour les navires, à cause de sa conservation dans l'eau de mer. C'est un grand arbre qui porte une cime et des branches très recourbées, favorisant certains emplois. Le bois est rouge pâle, avec une variété plus claire et une variété plus foncée. Il est difficile à scier.

Le *courbaril* présente aussi de belles courbes à sa cime : le tronc atteint un grand diamètre; le bois est brun rougeâtre, de couleur plus vive au cœur. Il brunit en vieillissant. Sa dureté est assez grande.

Le *rose mâle* est de couleur jaune pâle, un peu odorant : son grain est serré et compact; c'est un excellent bois.

Le *bagasse* est employé pour faire les coques de pirogues, et aussi pour les lames de parquet.

Le *chawari* a les fibres entre-croisées et flexueuses; il est employé pour faire des chars et des roues, étant d'une dureté et d'un poids modérés.

Le *parcouri*, à grain fin, n'est plus très dur; il a les fibres régulières, avec une variété noire et une variété jaune.

Le *langoussi* est très employé pour les coques de pirogue.

Le *bois de fer* est extrêmement dur et résistant, mais il se conserve mal.

Le *canari-macaque* est dur, de couleur gris clair ou gris brun.

Les *bois macaques* sont résistants, mais peu employés en Guyane, parce que l'humidité les altère. En d'autres climats, ils seraient excellents, de même que le *coupi* et les *bois rouges tisanes*.

2° Parmi les *bois de sciage ordinaires*, le premier est le *grignon*, un grand arbre au tronc très droit, homogène. Le bois est rouge très pâle, un peu moins dur que le chêne d'Europe, bien résistant à l'humidité. On l'emploie en Guyane hollandaise pour faire des mâts de navire.

Le *grignon-fou* ou *couaï* est inférieur au grignon,

mais, comme il est grand et droit, il donne aussi de très beaux mâts.

Il y a en Guyane toute une variété de *cèdres* (*laurinées*). Le cèdre jaune est le plus estimé ; le bois se conserve bien. Le cèdre noir est brun foncé et se travaille facilement. Le cèdre gris est plus mou. Le cèdre blanc ou cèdre bagasse est mou également.

Le *sassafras* ou *rose femelle* est l'arbre qui contient l'*essence de rose*. Le bois est jeune; on l'emploie pour les coques de pirogue.

Le *taoub*, bois léger, est très estimé au Brésil.

L'*acajou* est tendre, mais se conserve bien, grâce à un principe amer dont il est imprégné et qui détruit les insectes. Aussi, on l'emploie beaucoup en Guyane pour les meubles, parce que les termites et autres insectes ne l'attaquent pas. Ce n'est pas l'acajou du commerce, qui provient des Antilles et du Honduras et qui est plus dur et plus coloré. L'acajou de Cayenne est employé en Europe pour les boîtes de cigares. L'arbre est grand, et plutôt disséminé dans la forêt guyanaise : son prix est élevé à Cayenne, où l'humidité a vite fait de ronger toute autre espèce de bois ordinaire.

Le *carapa* a les qualités de l'acajou, et résiste aux insectes.

Citons encore le *mouchico*, le *simarouba*, le *yayamadou*, qui sont supérieurs aux bois blancs d'Europe.

3° Nous arrivons maintenant aux *bois colorés d'ébénisterie.*

Les *bois-de-lettres* sont extrêmement durs, lourds

et compacts : ils peuvent prendre un très beau poli,
mais ils sont pleins de nœuds et de crevasses. Leur
nom vient de ce qu'on les employait autrefois pour
sculpter les lettres d'imprimerie. Il y en a deux
espèces : le *lettre rouge* ou *rubané*, rougeâtre avec
des veines noirâtres fortement accusées dans le
cœur; l'aubier est plus pâle. Le *lettre moucheté*
est rougeâtre foncé, tout moucheté de noir; il est
fort beau. La densité de ce bois varie de 1,045
à 1,175.

Le *satiné* ou *bois de féroles* a aussi deux variétés : le *satiné rouge*, qui est uni et rouge brun, et
le *satiné-rubané*, qui est veiné et miroitant. On fait
avec ces bois des meubles magnifiques, car ils
sont durs, sains, se polissent très bien et font très
peu de déchets. A Paris, s'ils étaient connus, ils
seraient très recherchés.

De même le *bois-serpent*, jaune veiné de noir.
Les veines noires sont ondulées comme des serpents,
d'où le nom du bois.

Le *boco* est jaune, comme le buis, avec le cœur
brun très foncé. On s'en sert pour la lutherie, la
sculpture sur bois, les travaux au tour (cannes, etc.).

Le *bagot* a l'aubier blanc et le cœur pourpre magnifique; il est lourd.

Le *bois violet* est d'un violet très franc d'abord,
puis s'assombrit, et devient presque noir avec le
temps. C'est le palissandre.

Le *moutouchi* est veiné de longues lignes brun
clair, blanc et violet pâle; il est assez lourd et facile à travailler.

Le *panacoco* a l'aubier blanc et le cœur noir, mais d'un noir trouble. Le bois est très compact et très résistant. L'arbre est très gros.

Le *patawa*, déjà cité, avec ses veines noires et blanches, comme l'*ébène verte*, le *courbaril* et l'*acajou*, sont aussi de beaux bois d'ébénisterie, avec leurs belles teintes, pour les meubles à incrustations, les cannes, etc.

Autrefois, la Guyane exportait des bois, mais, depuis cinquante ans ce commerce est abandonné; pourtant, la France en importe de plus en plus : de 15,000 tonnes en 1886, elle a passé à 31,000 en 1896.

Le commerce des bois en Guyane est une entreprise dont le succès est certain, mais qui présente cependant certaines difficultés, et qui ne peut être accomplie que dans certaines conditions. Les essences, d'abord, sont tout à fait dispersées dans la forêt vierge et mélangées les unes avec les autres. Ce n'est pas comparable à l'exploitation d'une forêt de pins d'Orégon, comme il s'en présente aux Etats-Unis ou en Californie, où tous les arbres sont semblables : on peut alors exploiter en grand, en un point donné; tandis qu'en Guyane, il y a bien en certains points davantage d'arbres de telle essence que de telle autre, mais, en somme, le mélange est partout. Il est vrai que, la plupart des essences étant utilisables, on peut les classer après abatage. Il n'en reste pas moins que le travail, surtout au point de vue des expéditions et des débouchés, est beaucoup plus considérable que lorsqu'il s'agit d'une seule essence.

On prétend aussi que certaines essences, après abatage, se déjettent et se gercent; mais on peut employer un moyen de conservation approprié, comme l'immersion dans certains liquides, les refentes, etc.

La dureté des essences guyanaises, si elles constitue une difficulté, n'est pas moins une qualité précieuse, et on trouve toujours des outils capables de venir à bout de la plus grande dureté.

On voit pourtant que ces difficultés nécessitent *d'abord* la présence d'un homme capable à la tête d'une exploitation de bois en Guyane, et *ensuite* de forts capitaux; car il faut pouvoir exploiter en grand et sur une grande étendue de terrain. En outre, le simple transport de bois *lourds* à la côte est une entreprise ardue et coûteuse. Enfin, le transport de ces mêmes bois en Europe et en grande quantité, demande des navires assez grands, spécialement aménagés, et par suite très coûteux. Si des conditions de ce genre sont remplies, les bois de Guyane seront recherchés partout et constitueront une entreprise certainement très avantageuse.

Après avoir décrit les productions naturelles du sol guyanais, nous entrerons dans quelques détails sur l'état actuel de l'industrie et du commerce dans la colonie. Nous laisserons pour un autre chapitre la question des mines d'or et des richesses du sous-sol.

L'industrie est à peu près nulle en Guyane, en dehors de l'or, bien entendu. Il n'y a que quelques distilleries de rhum, qui sont en baisse continue, comme je l'ai exposé à propos de la canne à sucre. On peut dire qu'il se produit à peine en Guyane la quantité de rhum et de tafia consommée par la colonie.

La distillation du bois de rose se fait avec succès aux portes mêmes de Cayenne.

L'industrie des conserves de fruits ne fait que commencer. Entre des mains capables, on ne peut que lui prédire un brillant avenir, avec la quantité et la qualité supérieure des fruits qu'on récolte en Guyane.

Le commerce de la Guyane présente bien une augmentation, depuis le milieu du dix-neuvième siècle, sur l'ensemble des importations et des exportations. De 4 millions et demi, il a passé à 20 millions, dont les trois quarts avec la France et les Antilles, et le reste avec l'étranger. Il faut noter que c'est l'or qui forme la principale partie de ce commerce, et que, pour le reste, c'est avec l'étranger qu'il y a augmentation. Or, le tarif douanier de 1892 était loin d'avoir ce but en vue, de sorte qu'il faut en conclure que ce tarif est mal fait, puisque c'est l'étranger qui gagne le plus avec la Guyane : il importe pour 3 à 4 millions de marchandises, et la Guyane ne lui exporte que pour quelques centaines de mille francs. Presque tout l'or, du moins officiellement, va bien en France, mais la France le paye, et la Guyane n'en retire rien, car ceux qui le gagnent vont dépenser leur bénéfice en France et ailleurs : la Guyane ne dépense que les marchandises d'alimentation pour exploiter ses placers aurifères, marchandises qu'elle produit ou fait venir des pays voisins. Il y a bien le bénéfice des douanes sur la production aurifère, mais ce bénéfice, au lieu d'être dépensé en travaux utiles en Guyane, sert surtout à faire des gratifications!

Les importations sont : les boissons, provenant de France presque uniquement : vins, alcools, vermouth, bière, absinthe, etc. Le genièvre vient d'Allemagne.

Les farineux alimentaires proviennent de France pour la moitié ou un peu plus : la farine de froment vient surtout des Etats-Unis. Le maïs, le riz et les pommes de terre viennent du dehors, par moitié de la France et de l'étranger.

Les viandes salées, employées aux placers, viennent des Etats-Unis, ainsi que le lait concentré et le beurre salé.

Les animaux vivants : chevaux, bœufs, etc., viennent presque uniquement des Antilles, des Guyanes anglaise et hollandaise et du Venezuela.

Les tissus en confections viennent de France en très grande partie.

Les sucres et mélasses viennent de la Trinité anglaise.

Le tabac provient surtout des Etats-Unis.

Le café, le chocolat, etc., sont importés de France et des Antilles.

Les bijoux, montres, etc., viennent presque uniquement des Etats-Unis.

Le poisson salé, morue, etc., vient surtout des Etats-Unis.

Les savons, les bougies, chandelles, etc., viennent de Marseille, ainsi que les huiles et les peaux; mais les bois et les ouvrages en bois viennent surtout des Etats-Unis et de l'étranger.

Nous allons de même faire une courte revue des exportations.

La principale exportation c'est l'or en poudre, paillettes et pépites. Il va à Paris, où il est vendu 3 fr. 10 à 3 fr. 15 le gramme. La production officielle est en augmentation constante : elle a été de 5,000 kilogrammes en 1894, mais de 2,300 en 1897. Actuellement, elle varie de 3,500 à 4,500 kilogrammes par an. Nous l'étudierons plus en détail au chapitre des produits du sous-sol.

Une compagnie étrangère exploite des phosphorites dans l'île du Grand-Connétable, au taux de 4 à 5,000 tonnes par an, moyennant une redevance insignifiante à la Guyane. Ces phosphorites, valant 40 francs la tonne à Cayenne, vont pour les trois quarts aux Etats-Unis et pour le reste en Angleterre. Dans ces pays, on en tire du phosphate de chaux et on s'en sert pour l'extraction de l'aluminium.

L'essence de rose est un produit en augmentation constante : la Guyane en exporte en France 2,500 à 3,000 kilogammes et plus par an, valant 50 à 60 francs en France. Les exportations de bois d'ébénisterie sont pour le moment très peu importantes.

Le caoutchouc et le balata, ce dernier surtout, ont une véritable importance en Guyane. La France im-

porte annuellement 6 à 700 tonnes de **gutta-percha**,
et l'Angleterre 2,500 tonnes. Or, nous avons vu que
la gomme de balata peut remplacer avantageuse-
ment la gutta de Malaisie, qui, d'ailleurs, tend à
disparaître. Pour le caoutchouc, la France en importe 2,000 tonnes par an, parfois 5,000 tonnes, provenant des pays étrangers, presque en totalité. Or,
la Guyane n'en exporte que quelques tonnes; il est
vrai que l'arbre est bien moins abondant que le balata.

Le poivre, la girofle, la muscade, la cannelle, autrefois florissants, ne sont plus exportés qu'en quantités insignifiantes.

Le coton est également abandonné, malgré sa
belle qualité. Il n'y a aucune main-d'œuvre pour
s'occuper des produits; l'or accapare tous les jeunes
gens.

Pour le rocou, la Guyane a pu, vers 1878, fournir
presque toute la quantité consommable dans le
monde, 4 à 500 tonnes; aujourd'hui, elle n'en
exporte que quelques tonnes. Le rocou sert à
teindre les bois, les vernis, la soie, la laine, le coton, etc., en rouge amarante, jaune-orange, vert-
bleu, etc. Il donne aussi du brillant à des teintures
plus tenaces, et paraît rendre les bois imputres-
cibles.

Le café de Guyane est excellent; sa culture est
pourtant presque abandonnée.

Le cacao, qui était en décadence, reprend un peu.
On l'exportait aux Etats-Unis, on l'exporte maintenant en France.

La Guyane exporte encore en France des plumes de parure (aigrette blanche, ibis rouge, honoré, rapapa, etc.), des peaux et cornes de bœufs, etc., et des vessies natatoires de poissons, servant à faire la colle de poisson, la colle, etc., etc.

Le grand régulateur du commerce d'un pays étant les droits de douane, il est nécessaire d'en donner ici un aperçu. C'est la France qui administre la Guyane, et il faut bien reconnaître que ses droits de douane sont absurdes. Voici, en effet, les principaux de ces droits :

Le sucre paye 60 francs les 100 kilogrammes;

Le cacao, 52 francs;

Le chocolat, 75 francs;

Le café, de 78 à 104 francs, suivant sa qualité;

Les épices, 104 francs;

La vanille, 208 francs.

Le rhum payait un franc le kilogramme; il paye 3 francs depuis la nouvelle loi sur les alcools (c'est-à-dire 4 francs par litre d'alcool à 100 degrés, pour l'entrée en France, et, en outre, 2 francs dans la colonie; étant à 50 degrés, il paye en tout 3 francs).

L'or paye 216 francs le kilogramme pour sortir et 10 francs pour entrer dans le port de Cayenne, aussi bien celui qui vient des placers guyanais que de l'étranger.

Le tabac paye 50 à 250 francs les 100 kilogrammes, etc., etc.

C'est la loi du 11 janvier 1892 qui a substitué la protection au libre échange, enlevant aux conseils généraux l'initiative en matière de tarifs douaniers.

Son résultat est de faire payer très cher aux consommateurs des articles *que la France ne peut leur fournir*, comme tous ceux que nous avons cités plus haut, car la France ne les produit pas.

Aussi la vie est-elle très chère à Cayenne. Les colons payent à la fois, pour leurs productions naturelles et pour ce qui vient de France : meubles, conserves, etc., des droits très élevés. La France elle-même aurait avantage à voir introduire en franchise le cacao, la vanille, le café, etc., qu'elle ne produit pas. On a taxé le sucre colonial pour protéger la betterave que la France produit; mais elle ne produit ni cacao, ni vanille, ni café, et devrait au moins favoriser de quelque avantage ses colonies qui en produisent.

Les droits vis-à-vis des Etats-Unis ne sont presque pas supérieurs à ceux du commerce avec la France.

Les commerces d'importation et d'exportation se font par l'intermédiaire de commissionnaires, qui sont des commerçants, le plus souvent, au taux de 3 à 5 pour 100 pour les importations, d'un quart pour 100 sur l'or, 3 pour 100 sur le bois de rose, etc. Les monnaies sont celles de France, sauf le *sou marqué*, valant deux sous, datant de Louis-Philippe, encore en usage, mais qu'on ne frappe plus.

La Banque de la Guyane, au capital de 600,000 fr., sous la surveillance du gouvernement, émet des billets de 500, 100 et 25 francs. C'est une banque de prêts et d'escompte; elle prospère, grâce surtout au commerce de l'or.

Le seul port de la Guyane est Cayenne, et ce n'est

pas une baie naturelle : c'est une embouchure de rivière. Mais ce port est sûr et vaste, bien abrité des vents d'ouest; par contre, il est peu profond : il n'a que 5 à 6 mètres de profondeur. L'estuaire a 2,500 mètres de largeur sur 4,000 de longueur. Des bancs de vase mobile le séparent de l'océan, formant des barres, mais aussi une protection contre les lames du large. Ces bancs de vase molle, charriés par les fleuves, sont entraînés par le courant équatorial longeant la côte à peu de distance; ils viennent tour à tour barrer les diverses embouchures de fleuves, environ tous les quinze ans.

Les grands navires à fort tirant d'eau n'ont qu'un port : celui des îles du Salut, qui est le seul port profond des trois Guyanes. C'est là une position maritime unique que possède la France. Les îles du Salut ne sont guère qu'à deux heures de Cayenne.

Il ne nous reste à donner que quelques détails sur la colonisation en Guyane et les diverses tentatives qui en ont été faites. Je dirai d'abord que la Guyane ne paraît pas un pays où l'on puisse engager les agriculteurs à se rendre : le climat s'oppose à un travail pénible pour un homme habitué aux climats tempérés. Par contre, la terre rend beaucoup plus qu'en Europe; nous l'avons exposé précédemment. Le travail le plus pénible est le défrichement. A voir le peu qu'en ont accompli les colonies pénitentiaires de la Guyane, on conclut forcément que l'Européen n'est pas constitué pour accomplir ce travail dans un climat chaud et humide. Mais il est fort possible qu'un travail modéré comme celui de la terre ne soit

pas épuisant : les blancs ont fort bien vécu en
Guyane dans bien des cas, et pendant de longues
années.

Une raison d'un autre genre paraît peu favorable
à un peuplement d'Européens : c'est la position
prise par la population de couleur indigène : il n'y
a pas antipathie entre elle et les blancs ou Européens, mais il n'y a pas non plus de sympathie. Les
mulâtres sont dans une situation délicate, non encore acceptés complètement sur un pied d'égalité
par les Européens, et en même temps répudiant eux-
mêmes la population noire qui leur préfère manifestement les Européens. C'est une situation un peu
fausse; mais, comme la très grande majorité des
Guyanais est dans cette situation, c'est elle qui fait
la loi, qui accepte et qui repousse qui elle veut.
L'avenir résoudra sans doute cette question.

Pour le moment, un fait est certain : c'est que la
main-d'œuvre est insuffisante aux besoins et à l'avenir de la Guyane : tout le monde s'en va aux mines
d'or, aux placers où l'on paye 5 à 6 francs par
jour, tandis que les exploitations agricoles ne payent
que 1 fr. 50 à 2 fr. 50. Il faudrait faire venir des
noirs, car les Hindous et les Chinois ne peuvent
vivre en Guyane. Les Sénégalais donnent de très
bons résultats. Les Antillais sont tout désignés pour
écouler en Guyane le surplus de leur population;
d'ailleurs, ils ne s'en font pas faute dès maintenant.
Si la Guyane avait à sa disposition des capitaux et
des hommes capables, la main-d'œuvre se trouverait bien toute seule.

Quant à la main-d'œuvre pénitentiaire, d'abord, on n'autorise pas de la céder aux particuliers, sauf dans des cas bien exceptionnels; ensuite, elle n'a pas donné, au point de vue pratique, de bons résultats. La main-d'œuvre, pour être productive, doit être *libre*. Or, dans le cas même des forçats libérés, on a été obligé de constater que le fameux relèvement moral par le travail est resté en Guyane à l'état d'utopie, sauf dans des cas bien rares. Les convicts d'Australie ont bien donné une preuve du contraire, à ce qu'il semble; mais, en Guyane, il n'en est pas de même; peut-être le voisinage des forçats et la vue du bien-être, des soins dont les entoure l'administration, comme du peu de travail qu'elle leur impose, expliqueraient-ils cette différence. En Australie, il en était autrement; ce voisinage n'existait pas, et il fallait se tirer d'affaire, *librement*, mais il *fallait*. On s'en est tiré!

Quel que soit le plan de colonisation qu'on ait en vue, il faut qu'il soit poursuivi avec ténacité et même et *surtout* en profitant de ses erreurs. D'ailleurs, la Guyane ne manque pas d'hommes compétents; pour n'en citer qu'un, dont j'ai déjà parlé, M. Théodule Leblond a proposé un plan très rationnel de mise en valeur de la Guyane. Un ministre, M. Etienne, a proposé aussi un plan très sensé d'utilisation de la main-d'œuvre pénitentiaire; mais, en somme, avec beaucoup de bonnes idées, on n'a encore rien fait.

Attendons que la nécessité arrive, et l'on fera quelque chose; on fera même beaucoup, car la terre guyanaise n'est que trop riche!

La mauvaise réputation de la Guyane date d'anciennes expériences de colonisation, qui ont eu des échecs retentissants. En 1763, on avait amené plusieurs navires d'émigrants; il arriva jusqu'à douze mille apprentis colons, de toutes les classes de la société, qu'on débarqua sur la plage, sans abri, avec des vivres corrompus, et des eaux saumâtres pour toute boisson. La plupart en moururent; les survivants fondèrent la colonie de Kourou, sur le Sinnamary, qui subsiste encore. Mais ce fut la *catastrophe de Kourou.*

De deux autres échecs, en 1768 et en 1780, sortirent encore les colonies de Tonnégrande et de Guizanbourg; mais, comme il y eut beaucoup de morts, ce fut encore regardé comme des catastrophes. Depuis lors se fondèrent les colonies de Macouria, en 1822; de Mana, en 1830, par des religieuses de Cluny, etc., autant de preuves du succès possible. Mais l'émancipation mal comprise retarda l'essor de la Guyane, et actuellement les mines d'or gênent le développement agricole de la colonie. Ces deux causes, lorsqu'elles auront disparu, laisseront la Guyane dans l'obligation de se tirer d'affaire, et nul doute, comme je le disais plus haut, qu'elle ne s'en tire brillamment.

CHAPITRE XVII

La constitution géologique de la Guyane française n'a pas encore pu être bien étudiée, parce que le pays lui-même est mal connu, et aussi à cause d'une raison spéciale à toute cette région sud-américaine. Le sol est formé jusqu'à une grande profondeur, non seulement et d'abord de terre végétale, mais ensuite des débris d'une roche décomposée de couleur jaunâtre et rougeâtre. Il n'y a pas de montagnes élevées et les affleurements de roche en place sont excessivement rares : il faut donc des travaux de mine véritables pour connaître le sous-sol ; or, les mines guyanaises, en dehors des placers, n'ont encore que des travaux sans profondeur véritable. Nous aurons l'occasion de parler de la seule mine qui ait atteint une profondeur appréciable.

Cependant, aux environs même de Cayenne, et sur le littoral, il y a quelques affleurements de roches, et de même, dans les rivières, on en rencontre à toutes les petites chutes ou *sauts* qu'il faut traverser. Comme on passe souvent ces sauts à pied pour décharger les canots, on a pu sans peine examiner quelques roches.

Les roches reconnues jusqu'à présent en Guyane sont les suivantes, la plupart cristallines ou précambriennes, en tous cas, toutes sans fossiles :

Les gneiss, granitoïdes, amphiboliques, etc., et les micaschistes;

Le granite à mica noir, la diorite et la diabase;

Les schistes micacés, talqueux, argileux;

Les quartzites, les grès à grain très fin, les filons de quartz;

La limonite, et la roche à ravets, probablement elle aussi une variété de limonite; c'est une roche caverneuse très ferrugineuse.

Comme je l'ai dit plus haut, tout le pays est recouvert et jusqu'à une profondeur atteignant 40 et 60 mètres, d'une roche décomposée, mêlée parfois de blocs de quartz, qui provient sans doute de la roche sous-jacente, et sur laquelle nous aurons occasion de revenir en détail en décrivant les placers aurifères.

Les sauts de rivières sont des filons de quartz ou des dykes granitiques : ils sont presque toujours orientés dans la même direction, ce qui permet de supposer que les assises du sous-sol sont plutôt régulières.

Les minéraux qu'on a découverts dans ces roches sont les suivants :

L'or, dans des filons de quartz et dans des quartz éparpillés au milieu des terres rouges et limonites de la surface : mines Adieu-Vat, Saint-Elie, etc.;

L'argent, sous forme d'argyrose, à la montagne d'Argent (près de l'embouchure de l'Oyapok) : les Hollandais l'ont un peu exploité de 1652 à 1658;

Le cuivre et le plomb, signalés dans quelques travaux de recherche;

L'étain au Maroni, près des monts Tumuc-Humac;

Le mercure, le fer et le manganèse, signalés sans aucune vérification bien sérieuse, comme d'ailleurs l'étain;

La houille, qu'on prétend avoir découverte à Cayenne, à Roura, au Maroni.

Je ne parle pas des diamants, parce que, bien qu'ils existent au Brésil et en Guyane anglaise, ils ne sont encore qu'une possibilité en Guyane française.

Je ne dirai ici que quelques mots sur l'or d'alluvions, parce que j'y reviendrai en détail plus loin. Il a été découvert pour la première fois en 1852 par Paolino, un réfugié brésilien, sur l'Arataïe, un affluent du Haut-Approuague : on l'a trouvé ensuite à l'Orapu et au Cirubé, enfin au Sinnamary (Saint-Elie, etc.), à la Mana, etc., et dans la plupart des rivières guyanaises. En cinquante ans, la production doit atteindre 70,000 kilogrammes valant plus de 200 millions; car le total des droits de douane atteint une vingtaine de millions (ces droits sont de 8 pour 100). L'or sorti en fraude doit atteindre au moins le quart du chiffre précédent, et peut-être davantage. La zone de richesse maxima est dirigée à peu près est-ouest, comme les filons de quartz, du moins grossièrement; elle commence à une distance de 50 à 100 kilomètres des côtes, et sa largeur est de 30 à 40 kilomètres.

Les placers aurifères.

I. *Historique.* — Nous venons de voir que l'or en paillettes a été découvert pour la première fois en 1852, sur l'Arataïe. Etait-ce un écho des fameuses découvertes d'or de la Californie, en 1848? Les années suivantes, il fut découvert sur les rivières Orapu, Cirubé, etc.

De 1873, date la découverte des placers du Sinnamary : Saint-Elie, Dieu-Merci, Adieu-Vat, Couriège, etc., qui ont produit environ 40 millions, du moins officiellement. Les petites exploitations indigènes ne sont pas comprises dans ce total, non plus que l'or qui a échappé à la douane.

En 1878 fut découvert le groupe des placers de la Mana inférieure : enfin Elysée, Pas-Trop-Tôt, etc., qui ont produit plus de 20 millions, et, comme ceux de Saint-Elie, sont encore en exploitation.

En 1888, on découvrit les placers de l'Awa, sur la frontière entre les Guyanes française et hollandaise, et sur le Maroni. Ils passent pour avoir produit environ 60 millions.

En 1893 eut lieu la découverte du fameux Carsewène, au contesté franco-brésilien, actuellement brésilien sans conteste. Il a dû produire une centaine de millions, dans une zone très restreinte, longue de 12 kilomètres et large de 3 kilomètres à peine.

En 1901, l'Inini attira plus de six mille personnes.
Mais il était très irrégulier. Il a dû produire environ
20 millions, peut-être 25 à 30, dont les trois quarts
en 1902-1903; il y avait un alignement de placers
dirigés du nord au sud, allant des criques d'Arta-
gnan et L'Admiral aux criques Saint-Cyr, etc.

Enfin, de 1902 date la découverte des placers de
la Haute-Mana, ayant produit jusqu'à fin 1904,
8 à 9 millions d'or; ce sont ces derniers que j'ai
visités.

Je vais décrire l'un ou l'autre de ces placers, en
ajoutant quelques mots sur ceux qui séparent la
Mana de l'Inini, parce qu'ils présentent de grandes
chances de richesse, et seront mis prochainement en
exploitation.

II. *Description de l'alluvion aurifère.* — La couche
aurifère forme la partie inférieure du lit de nombreux cours d'eau, et de certaines rivières où se
jettent ces cours d'eau; les uns et les autres portent
le nom de criques (du mot anglais *creek*, cours
d'eau), et ce mot désigne l'ensemble du cours d'eau
et de ses alluvions. Ces criques sont enfermées
entre des collines peu élevées, mais dont la pente
est escarpée, surtout à la base. Leur largeur est
variable : à la Mana, elle est faible, variant de
quelques mètres à 10 mètres en moyenne, atteignant rarement 20 à 25 mètres. Ces criques sont
très sinueuses, parce que leur pente est très faible
en général. La présence de l'or est souvent régulière
sur 4 à 5 kilomètres de longueur, parfois sur 10 kilomètres.

La quantité d'eau est très variable, d'une crique
à l'autre, et dans une même crique, suivant la saison. Les petites criques ont un débit variant de
quelques litres par seconde à plusieurs centaines de
litres; les grandes criques ont parfois plusieurs
mètres cubes. On distingue les *criques d'été* (l'été
est la saison sèche) et les *criques d'hiver* (saison des
pluies), suivant que leur quantité d'eau permet de
les exploiter l'été ou l'hiver. En général, les grandes
criques, qui ont beaucoup d'eau, s'exploitent l'été,
et les petites criques, l'hiver : elles sont souvent à
sec en été. Les pentes des unes et des autres sont
extrêmement faibles, ce qui empêche l'exploitation
hydraulique.

L'alluvion est divisée en deux couches superpo-
sées : le *déblai* ou *stérile*, formé de terre entremêlée
de troncs d'arbres et de racines, et l'*alluvion* ou
couche riche, formée, en majeure partie, de sable
quartzeux et d'argile blanche feldspathique.

La teneur en or et la forme de l'or sont variables,
suivant la région : la teneur exploitable varie aussi,
suivant la facilité d'accès; mais on conçoit aisément
que la destruction de filons de quartz aurifère sur
de longs parcours et sur 40 à 60 mètres de hauteur,
a dû enrichir sur de grandes longueurs des criques
de si faible largeur, où l'alluvion est concentrée sur
quelques pieds d'épaisseur : la richesse se maintient, en effet, parfois sur 10 à 12 kilomètres de longueur.

La forme de l'or est généralement anguleuse, ce
qui prouve bien que le gîte filonien de l'or se trouve

dans le voisinage immédiat : plus on s'en éloigne, plus l'or prend la forme de paillettes aplaties. Les pépites sont rares dans la région que j'ai parcourue, sauf à Souvenir (établissements Kilomètre et Principal), où il y a assez souvent des pépites de 100 à 200 grammes. Sur les placers du Haut-Mana, l'or est très fin, parfois extrêmement fin, mais en petits grains plutôt qu'en paillettes.

Dans les criques, l'alluvion aurifère est surmontée d'une couche meuble tellement enchevêtrée de troncs et de racines que son enlèvement constitue une des difficultés principales de l'exploitation : l'épaisseur de cette couche varie de zéro à trois et quatre pieds, parfois six à sept pieds; dans les grandes criques, elle atteint douze à treize pieds. L'or se trouve quelquefois sous de gros troncs, ou de gros boulders, accumulés à tel point que la dépense serait plus forte que l'or à retirer, et qu'on l'abandonne. Cette difficulté et l'étroitesse des criques rendent ici le dragage impossible.

Le bedrock sous-jacent est à l'état de *glaise* blanche, de plusieurs mètres d'épaisseur, compacte, ondulée et bosselée : cet état est dû à la décomposition de la roche formant le sous-sol, en général roche granitique, ou bien micaschiste. Je n'ai vu nulle part cette roche affleurer en place, sauf dans les sauts ou rapides des grosses rivières, mais j'en ai vu de nombreux débris ou éboulis, blocs et boulders, sur les placers.

Les collines séparant les criques sont formées de terres rouges, provenant d 1 décomposition de

roches plus ou moins ferrugineuses. En certains
points, on remarque des blocs de quartz pur éparpillés; parfois cependant ils forment des alignements
assez étendus, mais des fouilles faites au-dessous
ne rencontrent que la terre rouge : ce sont les
restes de filons de quartz dont la roche encaissante
a été désagrégée. Ailleurs, ce sont des blocs, plus ou
moins arrondis, de roches granitiques (syénite, gra-
nulite, granite rouge), souvent riches en éléments
ferrugineux (hornblende, tourmaline, etc.). L'épaisseur de la terre rouge paraît atteindre au moins 15 à
20 mètres, parfois même 40 à 60 mètres.

L'or des criques provient sans doute des filons de
quartz qui ont laissé comme témoins ces blocs isolés
parsemant les terres rouges, et qui doivent se pro-
longer dans la roche sous-jacente, mais leur recherche peut présenter de sérieuses difficultés. L'or
des rivières (ou grandes criques) n'est le plus souvent que l'*apport* fait par les petites criques qui s'y
jettent; *aussi ces rivières ont une teneur plus irrégulière.*

En outre de la décomposition des roches du sous-
sol, il semble qu'il y a eu transport par l'action des
eaux, ce qui a contribué à déplacer les galets de
quartz. Il y a eu une double décomposition : la
première a agi jusqu'à une grande profondeur
(40 à 60 mètres); elle a transformé la *pyrite de fer
en oxyde rouge* qui a suffi, avec les silicates de fer,
à *colorer tout l'ensemble des résidus en rouge :* en
profondeur, la *pyrite restant intacte*, la roche, granite ou autre, est demeurée blanche; *d'où le bedrock*

blanc sous l'alluvion aurifère. La seconde décomposition est due au régime des eaux actuelles qui ont traversé facilement les terres rouges, déplacé les blocs de quartz et de roche, jusqu'à la roche blanche plus dure, qui est devenue la glaise blanche du bedrock, ondulée comme était autrefois la surface dure granitique, et encore pyriteuse.

Il me paraît inutile de chercher ailleurs une explication pénible des terres rouges et des blocs de quartz isolés.

Voici quelques particularités sur les diverses zones de placers guyanais, en dehors de la Mana, pour ne pas nous restreindre à ce groupe.

A l'Awa, l'or est fin, comme à la Mana; la Compagnie des Mines d'or de la Guyane hollandaise a produit de 1893 à 1903, soit en neuf ans, 1,800 kilogrammes d'or, valant environ 5 millions et demi, sur une dizaine de criques.

Au Carsewène, la grande crique, de 12 kilomètres de longueur, était riche par tâches irrégulières; les petites criques tributaires étaient pauvres. La Compagnie des Mines d'or du Carsewène, venue trop tard, n'a fait que quelques kilogrammes d'or, dont une moitié provenant des criques, l'autre des débris de terre et de roche extraits d'un tunnel. Cette Compagnie avait construit pour la relier à la mer un chemin de fer *monorail*, long d'une centaine de kilomètres, actuellement presque enfoui sous la vase.

L'Inini a été célèbre par ses nombreuses pépites, beaucoup pesant de 1 à 3 kilogrammes, plusieurs 5 à 6 kilogrammes, même 7 kilogrammes. On trouva

en outre beaucoup de fragments de quartz pleins
d'or, ce qui indiquait évidemment la destruction d'un
riche filon de quartz, origine ou *rhyzode* des alluvions. L'alignement des criques les plus riches est
probablement l'indication de la direction du filon
détruit.

À Saint-Elie et Adieu-Vat, l'or des criques était
assez régulier sur 4 à 5 kilomètres de longueur. La
grande crique Céide, longue de 12 kilomètres, en-
richie par cinq tributaires de sa rive droite, semble
devoir être mise en exploitation fructueuse, malgré
sa faible teneur, à cause de sa régularité. Les galets
et l'or de ces criques sont anguleux, peu roulés, ce
qui prouve le voisinage de leur origine.

Les terres rouges des collines, ou *terres de montagne*, ont rendu en un certain point, sur Saint-
Elie, 150 kilogrammes d'or. Ces terres paraissent
dues à l'érosion sur place de filons entièrement décomposés.

III. *Description détaillée d'un type de placers,
entre la Mana et l'Inini.* — Ces placers ont de
grandes étendues, 10 à 20 kilomètres de longueur
sur 5 à 10 de largeur,

Les alluvions aurifères, dans des criques distantes
de 5 à 15 kilomètres, séparées par des collines plus
ou moins hautes, sont groupées autour de plusieurs
établissements, soit six, un central, et cinq détachés,
pour centraliser les groupes d'exploitations ou
chantiers. C'est ainsi qu'on épuise peu à peu un
placer.

A mesure qu'on exploite une partie d'un placer,

on prospecte les autres criques. Voyons d'abord les criques en exploitation.

L'exploitation est concentrée sur une crique principale et ses affluents : ces criques sont séparées par des collines hautes de 60 à 100 mètres au-dessus du thalweg, et composées de terre rouge avec des blocs et boulders de syénite et de granite rouge, parfois de limonite et de fer pisolithique. Ces criques sont exploitées chacune par un chantier occupant huit ou neuf ouvriers et un chef de chantier. Le travail se fait d'aval en amont, et avec un simple sluice transportable. Naturellement, la production journalière varie avec les chantiers : les plus riches, à la Mana, font 300 à 400 grammes d'or par jour; d'autres font 60 à 100 grammes, récoltés chaque soir dans le sluice par le chef de chantier, et déposés dans une boîte en fer à cadenas remise ensuite au directeur de l'établissement. Je n'entre pas ici dans les détails de la surveillance.

Parfois, l'exploitation des criques se trouve barrée sur 200 mètres et plus de longueur, par des boulders énormes, trop coûteux à déplacer ou à faire disparaître.

L'alluvion aurifère est tantôt composée de petits galets de quartz cristallin provenant de granite décomposé, anguleux, et de sable quartzeux d'un blanc éblouissant au soleil; tantôt de sable argileux jaunâtre ou rougeâtre, suivant en cela la nature de la roche du sous-sol, trop profondément décomposée pour être visible. De même, l'or est tantôt fin, granulé, assez régulièrement disséminé; tantôt en larges paillettes, en pépites, et alors irrégulier.

Les criques dites d'été sont pourtant quelquefois inondées, même en été, par des séries d'averses torrentielles. Il faut alors en épuiser l'eau pour pouvoir les exploiter. Dans ce but, les Guyanais font usage de pompes du pays, en bois, qu'ils appellent des *pompes macaques*. C'est un balancier en bois, portant d'un côté une pierre comme contrepoids, de l'autre, un seau; l'eau est déversée en aval d'un petit barrage, de façon à ne pouvoir revenir dans le chantier. Ce moyen primitif est parfois insuffisant.

J'ai vu des criques déjà épuisées sur 1,800 mètres de longueur, et 600 mètres dans les petits cours d'eau tributaires. Sur cette longueur, et une largeur moyenne de 5 à 6 mètres, on avait retiré 180 kilogrammes d'or, soit environ 80 kilogrammes d'or par kilomètre; ce qui, pour des petites criques, est un excellent résultat.

Sur 13 kilomètres de longueur de criques exploitées dans un placer, on avait retiré 1,013 kilogrammes d'or, soit 77 kilogrammes par kilomètre. Chaque chantier avance de 3 à 4 mètres par jour de travail, ou environ un kilomètre par an s'il n'y a aucune interruption. Avec quatre chantiers, il a suffi de trois ans et demi pour épuiser les 13 kilomètres ci-dessus. Seulement, pour aller plus vite, on a souvent négligé bien des parties des criques, notamment les côtés; dès qu'elles s'élargissent un peu, il reste un second coup de sluice à donner, parfois même un second et un troisième coup de sluice; mais ces nouveaux coups de sluice ne sont généralement pas aussi fructueux que le premier qui a été tenu, autant qu'on a cru le faire, dans la veine la plus riche de l'alluvion. Il est vrai qu'on peut s'être trompé : l'or n'est pas toujours concentré au milieu d'une crique; il est souvent sur les côtés : il est capricieux.

Le chef d'un établissement doit être assez prudent pour avoir en réserve des criques prospectées représentant plusieurs kilomètres d'exploitation à venir, dans des conditions fructueuses; et, sur la Mana, cette règle est scrupuleusement observée : une année d'avenir avec un seul chantier représente 1 à 2 kilomètres de criques prospectées; avec trois ou quatre chantiers, elle représente 3 à 4 kilomètres, suivant d'ailleurs la largeur des criques; car deux coups de sluice parallèles représentent deux chantiers dans la même crique. Dans les criques en prospection, il importe de tenir compte de l'épaisseur du déblai stérile à enlever, de celle de la couche aurifère, de la quantité d'eau, de la difficulté du déboisement, etc. Les prospections sont des fouilles de 2 à 3 mètres de longueur sur $0^m,50$ de largeur, distantes d'une dizaine de mètres le long d'une crique : il est toujours facile de les vérifier à volonté.

Lorsqu'on commence l'exploitation d'une crique nouvelle, reconnue comme riche, les huttes des mineurs sont souvent construites au milieu même de l'alluvion, en attendant le déboisement d'un vaste espace sur la pente des collines à l'endroit le plus favorable. Un pareil village ou *établissement*, recevant l'eau du sol et l'eau du ciel, n'est pas des plus sains, mais les prospecteurs ne s'en inquiètent pas; leur seul souci est de savoir s'il y a de l'or partout en quantités payantes.

La pente des collines au voisinage de certains chantiers d'exploitation est parsemée de blocs de quartz, dont quelques-uns ont plusieurs mètres cubes. Ces blocs paraissent suivre un alignement très oblique par rapport à la crique aurifère. Au confluent du petit cours d'eau qui descend de la colline, on a trouvé de nombreux galets de quartz très riches en or. Sur la colline, au point où le quartz est le plus abondant, j'ai fait creuser une fouille de 4 mètres de largeur et 2^m,50 de profondeur : elle n'a rencontré que de la terre rouge provenant de la roche sous-jacente décomposée, avec quelques fragments de quartz. Le quartz ne forme donc pas ici un filon en place. Ce filon doit se trouver à peu de distance, mais sa situation exacte ne peut être déterminée que par des travaux méthodiques, en tunnel ou en carrière, d'après l'expérience acquise en d'autres points de la Guyane : Adieu-Vat, Saint-Elie, Elysée, etc., où la terre rouge descend à 20, 40 et même 60 mètres de profondeur. Il y a parfois, sur la pente des collines, des blocs de granite de plus de 100 tonnes, de couleur rougeâtre, ce qui est dû à la décomposition de la pyrite.

Sur un autre point, j'ai remarqué encore des galets de quartz disséminés dans la terre rouge; mais le quartz n'est plus blanc et laiteux, avec des paillettes et de petites pépites : il est granulé, avec

des bandes bleues extrêmement riches en or visible
très fin. Ce sont de magnifiques spécimens. Ailleurs
encore, le quartz est soyeux, blanc et semi-cristallin,
avec ou sans or visible, et, dans ce cas, très fin.

La limonite pure ou la roche caverneuse riche en
fer, dite roche à ravets, accompagne ces blocs de
quartz, de sorte qu'à mon idée, elle peut être simplement le chapeau de fer des filons de quartz, désagrégé et éparpillé comme le filon.

Comme je l'ai dit, la roche encaissante, d'après
les fragments trouvés dans les criques exploitées,
est tantôt le granite, tantôt les schistes micacés
argileux; mais j'ai remarqué aussi des quartzites,
des grès blancs, et de véritables pierres meulières
dont quelques-unes, travaillées et polies, ont servi
de haches de pierre aux Indiens de la région. Non
seulement la pierre est taillée en forme de hache,
mais elle porte une rainure pour être fixée à un
manche en bois au moyen d'une liane. Si l'on ne
savait que les Indiens s'en servent encore, on croirait à des haches de l'âge de pierre.

Dans une crique où les roches granitiques étaient
plus abondantes, j'ai fait avec un tamis, sur les
sables rejetés par le sluice, un essai de criblage
pour déceler, si possible, la présence du diamant.
Je n'ai découvert ni rutile, ni topaze, ni grenats,
mais seulement du quartz, du feldspath bleu et rose,
de la chlorite, du mica, de la tourmaline, de l'am-
phibole hornblende, tous éléments habituels du granite.

Un prospecteur en diamants de la Guyane anglaise (pays qui produit chaque année pour deux à trois cents mille francs de diamants) avait passé sur ce placer peu de temps avant moi, et n'avait trouvé aussi que du quartz. Mais il faudrait des expériences beaucoup plus importantes pour découvrir des diamants de rivière; la teneur moyenne aux mines de Kimberley ne dépasse par un carat, soit 20 centigrammes, par tonne de roche lavée. En rivière, la teneur est parfois plus grande, mais, par contre, très irrégulière. Il reste donc possible qu'on découvre des diamants dans les criques de la Guyane française.

Le titre de l'or au placer Souvenir, situé à cheval entre le Maroni et la Mana, est compris entre 980 et 984 millimètres. Sur les autres placers de la Mana, il varie entre 930 et 940 millièmes de fin.

Pour parer au risque de manquer d'approvisionnements, on a fait autour des établissements des plantations de manioc, patates, canne à sucre, bananes, et même maïs et légumes; ceux-ci doivent être particulièrement protégés contre les insectes. J'ai remarqué que, sur la Mana, on s'attache à bien nourrir les ouvriers pour leur rendre le séjour aux placers plus sain et plus agréable. Les conserves de morue et de bœuf, les sacs de haricots, de lentilles, etc., sont d'excellente qualité et tenus à l'abri de toute altération.

Approvisionnements. — Les approvisionnements sont une question capitale en Guyane, à la Mana surtout. Chaque homme consommant un et demi à 2 kilogrammes par jour, soit 600 à 700 kilogrammes par an, lorsqu'on a cent cinquante hommes sur un placer, il faut 100 à 150 tonnes de vivres par an. Le transport se fait en canots le long des rivières, puis à dos d'hommes; les frais par la rivière Mana se montaient, jusqu'au placer Souvenir, à 100 francs par baril de 100 kilogrammes. On a découvert tout récemment une nouvelle voie de transport par l'Approuague, coûtant seulement 60 francs par tonne, ce qui a produit une économie considérable. Il y a des magasins intermédiaires, au saut Canory, sur l'Approuague, où il faut décharger les canots et les traîner à bras, et au débarcadère ou *dégrad*, où commence le portage à dos d'homme. La durée du transport est de quinze jours depuis l'embouchure de l'Approuague; elle était d'un mois en moyenne par la Mana.

On pourrait améliorer un peu ces transports par l'emploi de chaloupes à vapeur jusqu'au premier saut de l'Approuague ou de la Mana; en régularisant et balisant les premiers sauts, on remonterait même peut-être bien plus haut, au moins durant la saison des hautes eaux, qui dure trois à quatre mois de l'année. On aurait, en outre, l'avantage de se mettre à l'abri du mauvais vouloir éventuel des canotiers qui, étant maîtres du trafic, imposent à leur gré leurs conditions. D'ailleurs, il arrive que ces canotiers ne sont que trop enclins à voler les marchandises qui leur sont confiées, sous prétexte d'accidents dans les rapides et les sauts. Ils ne se gênent pas non plus pour perdre en route des journées, même des semaines, à la chasse. En descendant la Mana, j'ai vu des pagayeurs qui en étaient à leur soixantième jour de canotage depuis Mana, tandis que d'autres, partis à la même date, étaient montés en vingt-deux jours. A force de retards, les crues de la rivière avaient augmenté, et le courant, de plus en plus fort, avait fini par rendre l'avancement impossible.

Les questions du ravitaillement et du recrutement des ouvriers dépendent de l'administration des compagnies à Cayenne, des agents à l'embouchures des rivières Mana et Approuague, et de la manière dont les ouvriers sont traités aux placers; car ils sont de caractère indépendant, et volontiers travaillent pour leur compte ou font du maraudage. Nous reviendrons sur le maraudage, après avoir exposé le rendement des placers, le prix de revient, et le personnel occupé.

Personnel. — Le personnel d'un grand placer de la Mana était le suivant, lors de mon passage :

Neuf chantiers, occupant chacun huit ouvriers en moyenne	72 hommes.
Charroyeurs (vivres, etc.)	35 —
Ouvrages temporaires, sentiers en forêts, réparations	11 —
Aux magasins des *dégrads* (débarcadères de rivière)	8 —
Canotiers	4 —
Malades ou non travaillant	20 —
Total	150 hommes.

Dans ce personnel, il y a quinze à vingt femmes, une ou deux à chaque chantier, pour le débourbage dans le sluice.

Il faudrait compter, en outre, le personnel occupé,

d'un côté aux magasins dans la partie basse des rivières, près de la côte, soit une dizaine d'hommes, et enfin les canotiers qui font les transports en rivière. Mais ceux-ci sont payés à tant par tonne, et ne font pas partie du personnel régulier des placers.

La feuille de paye mensuelle, au placer, atteint environ 12,000 francs; mais le total des dépenses arrive au double et même dépasse 30,000 francs, quelquefois davantage, au moment où l'on règle le transport des vivres. Avec une bonne administration et de la prévoyance, on peut augmenter le rendement sans augmenter le personnel, car la proportion des malades ou soi-disant tels, que l'on paye tout de même, dépend du soin que l'on prend des ouvriers, de la régularité et de la qualité des approvisionnements. Les crues des rivières et des criques augmentent les difficultés du travail; c'est aussi un cas à prévoir de la part de la direction.

Le prix de revient varie naturellement avec la situation du placer, indépendamment des efforts de la direction. A Souvenir, le placer le plus élevé de la Mana, il est en moyenne de 12 fr. 50 par *homme au chantier* et par jour, en admettant que les deux tiers des hommes travaillent au chantier, c'est-à-dire *produisent de l'or*. Avec 100 hommes aux chantiers et vingt-cinq jours de travail, on arrive à 31,250 francs, et c'est la moyenne pour un personnel total de 150 hommes. Il faut donc produire au moins 10 kilogrammes d'or par mois pour faire équilibre aux dépenses.

Sur les placers Triomphe, Saint-Léon, Dagobert, situés un peu plus en aval sur la Mana, le prix de revient est estimé à 10 francs par homme au chantier et par jour, soit 25,000 francs par mois, ou 8 kilogrammes d'or, avec 150 hommes.

Rendements. — Je donnerai ici un aperçu des brillants rendements du placer Souvenir. Sur une longueur totale de 12 à 13 kilomètres de criques exploitées (mais non épuisées), il a produit :

En 1898 (six mois de travail)			72^k,527
1899	—	—	183 ,484
1900	—	—	138 ,247
1901	—	—	127 ,935
1902	—	—	120 ,170
1903	—	—	319 ,571
	Total		961^k,934

Si l'année 1904 a continué aussi brillamment qu'elle commençait les quatre premiers mois, elle a dû dépasser aussi 300 kilogrammes d'or, et la production totale doit approcher de 1,300 kilogrammes d'or, valant 4 millions; car le titre de l'or de Souvenir, 980 à 984 millièmes, est très élevé.

La baisse du rendement, d'août 1900 à 1903, était due à l'exode en masse des mineurs vers l'Inini, où l'on faisait de riches découvertes.

Je dirai enfin que ce placer Souvenir a été prospecté avec une rare prévoyance, en vue de l'avenir : il y a, en effet, 14 à 15 kilomètres de criques prospectées, dont plusieurs grandes criques qui demanderont deux et trois coups de sluice. L'avancement moyen annuel, tenant compte des interruptions dues à l'eau, de l'épaisseur du déblai stérile, des boulders à déplacer, des racines et troncs d'arbres très lourds, etc., ne doit pas être calculé à plus de 500 mètres par an; mais toute crique prospectée n'est pas exploitable.

Sur ce placer, l'or n'est pas concentré autour d'un centre d'où partent des criques rayonnantes, comme à Saint-Elie; mais il y a de nombreuses taches aurirères, sans lien apparent, peut-être reliées par des filons de quartz désagrégés, d'une teneur en or très irrégulière, mais parfois très riches. Il en reste d'ailleurs, comme nous l'avons vu, des témoins dans les terres rouges des collines.

Par comparaison avec le placer Saint-Elie, le plus ancien de la Guyane, la richesse des criques de la Mana a présenté jusqu'ici une régularité presque aussi grande. A Saint-Elie, pendant neuf ans (1879-1888), les rendements ont peu varié : 350 à 600 kilogrammes d'or par an. Ce n'est qu'ensuite qu'ils ont baissé. Ils se sont cependant maintenus encore, pendant les dix années suivantes (1889-1899), entre 150 et 200 kilogrammes par an. On a exploité sur Saint-Elie 40 à 50 kilomètres de criques, et, avec les doubles coups de sluice, cela représente 80 à 100 kilomètres de longueur de chantiers. Sur la Mana, à cause de l'irrégularité des taches aurifères, on n'aura pas autant en un point donné, évidemment; mais avec l'immense étendue des placers exploités, chacun de 200 kilomètres carrés en moyenne, l'ensemble des criques aurifères peut bien arriver à la longue au même total.

La production moyenne, par kilomètre de criques,

sur les quatre grands placers de la Mana, a varié de 50 à 80 kilogrammes d'or. Sur Saint-Elie, pour une production totale de 6,000 kilogrammes d'or, elle a été de 60 kilogrammes par kilomètre, à raison de 100 kilomètres de longueur de chantiers.

La teneur minima exploitable en ce moment est de 5 grammes d'or par homme au chantier et par jour, pour le placer Souvenir ; et de 4 grammes aux autres placers de la Mana, Saint-Léon, Triomphe et Dagobert. Il y a 8 à 10 hommes par chantier; cela fait donc 40 à 50 grammes par chantier à Souvenir, 32 à 40 grammes aux autres placers.

L'avancement est de 2 à 4 mètres par journée de travail; mais, avec les chômages et les réparations, il ne faut pas compter faire plus de 2 mètres par jour, soit 50 mètres par mois, ou 600 mètres par an. Donc, 2 mètres d'avancement doivent donner 40 à 50 grammes d'or par jour d'un côté, 32 à 40 grammes de l'autre.

Or, le rendement moyen actuel est beaucoup plus élevé, comme le montre le tableau suivant des quatre principaux placers :

Mois de février 1904.	Souvenir.	St-Léon.	Triomphe.	Dagobert.
Production du mois (25 jours)...........	$27^k,156$	$9^k,880$	$11^k,940$	$23^k,400$
Production par jour..	1 ,086	385	477	936
Nombre de chantiers.	9	6	7	10
Production par chantier................	$120\ 1/2^{gr}$	64^{gr}	68^{gr}	$93\ 1/2^{gr}$
Dépenses admises....	50	40	40	40
Profit par chantier...	70 1/2	24	28	53 1/2

On voit que ce *profit est bien plus grand à Sou-*

venir et à Dagobert : et encore, il faudrait tenir compte d'un supplément de dépenses à Saint-Léon et à Triomphe, provenant du surcroît de malades on non-travaillants (résultat accidentel).

La largeur moyenne d'une crique est de 4 à 5 mètres, et l'épaisseur moyenne de la couche aurifère est de 30 centimètres. On enlève donc par jour :

$$2 \times 4 \; 1/2 \times 0,30 = 2 \; m^3,700 \text{ d'alluvion riche.}$$

Soit 5 à 6 tonnes.

La teneur varie donc de 10 à 20 grammes par tonne d'alluvion riche. Mais si l'on tient compte du déblai stérile dont l'épaisseur varie de 3 à 6 pieds, en moyenne 4 pieds, on voit que la teneur par tonne d'alluvion totale est égale aux chiffres précédents, divisés par 4 à 7, en moyenne par 5, c'est-à-dire qu'elle varie d'un et demi à 5 grammes, *en moyenne 2 grammes et demi*. Cela signifie, d'après les chiffres précédents, que la dépense est encore moitié moindre, c'est-à-dire qu'elle n'est que d'*environ un gramme et demi*, chiffre remarquable, avec la simplicité de moyens dont dispose le mineur guyanais, les difficultés du déboisement, etc.

Améliorations. — J'ai fait, à divers chantiers, quelques essais d'or des résidus des sluices, et je n'ai constaté que des pertes insignifiantes, ce qui n'a rien d'étonnant, vu la faible quantité de sables lavés chaque jour et le nettoyage journalier du sluice. Il n'y a donc rien à changer au sluice guyanais, seul adapté à l'avancement très rapide de l'exploitation. Les pertes en or, nécessitant assez souvent le *repas-*

sage des criques, proviennent *d'abord* du nettoyage
insuffisant de la glaise du bedrock, piétinée par les
mineurs, et où l'on retrouve parfois même des
pépites de 100 à 200 grammes, et *ensuite* du jet de
pelle (dit canne-major) qui lance des paillettes d'or
en dehors du sluice.

Le sluice guyanais, tout à fait mobile, répond parfaitement à la nécessité d'un déplacement presque
quotidien. Il ne servirait à rien de mettre des machines puissantes là où un très petit nombre d'ouvriers, sept à huit, suffit à la tâche. D'ailleurs,
comme nous l'avons vu, la *limite inférieure d'exploi-
tabilité* en Haute-Mana n'est pas si différente de
celle des placers d'autres pays : nous avons vu
qu'elle descend à moins de 5 francs par tonne, soit
2 francs par mètre cube. Et il faut compter ici le
déboisage, et l'enlèvement des troncs et racines
enfouis et encastrés dans le déblai et même l'alluvion. En outre, l'accès très difficile de la région est
cause que le transport des marchandises y revient à
1,200 francs la tonne par la Mana, 800 francs par
l'Approuague. Il y a peu d'endroits, même en
Sibérie, où ces chiffres soient dépassés (voir mes
études sur la Sibérie et la Californie). Seules, les
dragues, *si elles étaient possibles*, abaisseraient le
prix de revient.

Les seules améliorations que je crois possibles
seraient, d'une part, pour les criques larges, demandant plusieurs coups de sluice, *l'emploi de
brouettes* pour enlever d'un seul coup tout le stérile,
et éviter ainsi la fausse manœuvre de déplacer plu-

sieurs fois le même cube de terre; d'autre part, au cas d'excès d'eau en hiver dans les petites criques, *le relèvement et l'allongement du sluice*, ce qui éviterait les pertes d'or par entraînement de l'eau, et l'inondation du chantier (on est obligé de les assécher par les pompes dites macaques dont j'ai parlé plus haut). Il est vrai qu'un chantier bien conduit ne devrait pas être exposé à cette inondation, il suffirait de commencer l'exploitation de la crique par les côtés, laissant le thalweg pour l'écoulement de l'eau; mais les Guyanais sont pressés d'*enlever dans les criques le sable le plus riche* (*ou qu'ils croient le plus riche*) *en premier lieu.*

Dans les grandes criques, on pourrait peut-être, en cas de besoin, avoir recours à l'une ou l'autre des méthodes californiennes en rivière : *digues*, dites *wingdams*, avec pompes chinoises; *aqueducs* ou *flumings*, etc. Ce sera peut-être aussi le cas d'employer le *sluice à secousses*, *type François*, et les *pompes centrifuges*, pour évacuer les résidus.

Je considère comme hors de question l'introduction de dragues dans les placers que j'ai visités, pour beaucoup de raisons, sans même parler du coût énorme des transports par rivières :

Insuffisance d'eau fréquente;

Enchevêtrement de troncs et de racines dans le déblai;

Inutilité de laver du stérile;

Faible largeur et faible épaisseur de l'alluvion aurifère;

Passages de boulders infranchissables aux dragues, etc., etc.

Une drague, coûtant très cher, doit avoir devant elle un très grand champ d'activité; ce qui n'est guère le cas des criques étroites du Haut-Mana. En admettant même qu'elle puisse fonctionner, avec la faible largeur (quelques mètres) des alluvions, elle ne payerait pas ses dépenses. Si la drague eût convenu en Guyane, on l'y eût inventée. Chaque pays invente sa méthode spécialement adaptée à ses besoins.

Je ne dis rien de la méthode hydraulique, inapplicable en Guyane, à cause du manque de pente, soit pour les déblais, soit pour l'eau, au cas d'élévateurs hydrauliques.

Maraudage. — Pour terminer la description des placers, il me reste à parler des *maraudeurs* et de leurs découvertes. Les maraudeurs ne sont pas autre chose que les chercheurs d'or en rivière, non munis de permis de recherche.

Pour avoir le droit d'exploiter en Guyane, il faut non seulement le permis de recherche, mais il faut que le service d'arpentage ait fixé les limites de la zone concédée, et confirmé ainsi le titre de possession. On conçoit combien ces opérations sont difficiles dans des régions inhabitées situées à trente jours de la mer, et davantage, en canot. Sur un des placers de la Mana que j'ai visités, il avait fallu, peu de temps avant mon passage, expulser à main armée deux cent cinquante ou trois cents maraudeurs venus par le Maroni. Le propriétaire du placer avait dû organiser, à ses frais, une véritable expédition militaire avec une centaine de soldats, leurs officiers et sous-officiers, un docteur, etc. Cette expédition, fort compliquée, avait d'ailleurs, accompli sa mission avec plein succès, sans avoir un seul malade, ni un seul noyé dans les cataractes et les sauts de la Mana.

Dans ce cas de la Mana, les maraudeurs étaient arrivés après la découverte de l'or, et rien ne justifiait leur présence : or, en sept mois, ils avaient eu le temps de saccager 4 à 5 kilomètres de criques, dont il ne restait à faire que les *repassages*.

Il y a des régions réputées comme bonnes sur certains placers légitimement possédés, et il importe de pouvoir les protéger contre les invasions de maraudeurs. Il semblerait qu'ils ont quelque droit de saccager les criques à leur guise, *à titre d'inventeurs;* mais souvent ils ne découvrent rien, ils se contentent d'arriver à la première nouvelle d'une découverte. Les prospections sont organisées de Cayenne et coûtent cher, pour ne donner souvent aucun résultat. *Il est donc juste de se protéger contre les maraudeurs.* Ceux-ci ne font œuvre utile que sur les régions non prospectées qu'ils arrivent parfois, m'a-t-on dit, à épuiser assez complètement : de la sorte, leur travail contribue à faire vivre le commerce des vivres sur la côte, et ils vendent leur or à divers marchands qui ne possèdent guère de titres de propriété de placers que pour avoir le droit d'acheter de l'or et de l'expédier en France. On sait trop les tracasseries de la douane guyanaise au sujet de l'or, dont la colonie *vit* cependant, pour que j'insiste sur ce sujet : *on ne saurait plus habilement exciter à la fraude ceux qui y sont le moins portés.*

Les maraudeurs sont à craindre seulement sur les placers de l'Inini au sud, et dans la région ouest de la Mana. Pour éviter leur retour, le meilleur moyen est de mettre en exploitation la région où on les craint, de façon à les expulser plus facilement, et surtout à exploiter avant eux les criques riches : mais ces régions sont justement celles qui sont les plus écartées, et où le ravitaillement est le plus difficile. L'accès par le Maroni facilite la fuite de l'or en Guyane hollandaise.

On pourrait également former, par exemple, une sorte de brigade d'ouvriers assermentés pouvant faire l'office de gardes (*opinion préconisée par M. Leblond*), et qui ferait de temps à autre une visite des points menacés par les maraudeurs : on saisirait leurs vivres, de façon à les obliger à partir. Cette mesure, accompagnée d'une action énergique menée à Cayenne au point de vue judiciaire pour faire respecter la propriété minière, ferait certainement beaucoup d'effet.

Je répète cependant que les maraudeurs ont leurs droits et leur utilité, et je dirai ici quelques mots sur leurs exploits et leurs découvertes.

Les maraudeurs recherchent les régions de nationalité incertaine, car ils ne risquent pas d'y être dérangés dans leur travail; il n'y a ni formalités à remplir, ni droits d'exploitation, ni droits de douane.

C'est l'histoire des chercheurs d'or de Californie et de l'Alaska, qui est la même sous toutes les latitudes : ils font eux-mêmes leurs lois et leur police.

C'est ainsi que les maraudeurs, au nombre de cinq à six mille, découvrirent les placers de l'Awa, sur le Maroni, entre les Guyanes française et hollandaise, puis le Carsewène dans le contesté franco-brésilien, enfin l'Inini, sur le haut Maroni.

A l'Inini, parmi les premiers heureux chercheurs d'or, on cite un pâtissier de Cayenne, nommé Léon, qui fit 42 kilogrammes d'or en trois mois; Jadfard, qui fit 27 kilogrammes en vingt-deux jours; Mérange, 100 kilogrammes en quatre à cinq mois, mais pour le compte de plusieurs associés.

Au Carsewène et à l'Awa, il s'est fait des fortunes qui se dépensent à Cayenne, et il s'en fait en ce moment d'autres encore sur la Mana.

Cependant, il semble que bientôt l'ère des riches découvertes de placers doit se clore, sauf peut-être du côté des monts Tumuc-Humac, tout à fait dans l'intérieur. C'est le tour des quartz aurifères de produire, et nous allons dire ce qu'ils ont donné jusqu'à présent. Le voisinage des riches quartz du Venezuela (Mines du Callao, etc.) semble présager aussi de riches découvertes en Guyane française.

Les quartz aurifères.

Comme je l'ai dit plus haut, j'ai rencontré des galets et des blocs isolés de quartz plus ou moins aurifères sur divers placers du haut Mana; mais je n'ai observé d'alignement assez bien défini de ces quartz de surface qu'en deux endroits, et sur une étendue peu considérable; les fouilles exécutées ont démontré qu'il ne s'agit là nullement d'un affleurement véritable. Ce ne sont point là des filons de quartz en place, mais seulement des débris de quartz provenant de l'éparpillement d'un filon dont la roche encaissante a été désagrégée et même décomposée. Comme la profondeur de roche décomposée atteint 20 à 40 mètres, parfois 60 mètres, comme on l'a reconnu au placer Elysée, on conçoit que la recherche d'un filon est une opération très coûteuse, car il n'y a aucun affleurement visible, sauf dans un cas que je citerai plus loin. Il y a en outre interruption complète entre les quartz disséminés de la surface et le filon en place; lorsqu'on a trouvé celui-ci, comme à Elysée, on a mis des années pour y parvenir. Ces quartz de surface ne sont pas spéciaux à la Mana; on les a trouvés à Elysée, à Saint-Elie, à Adieu-Vat, et, sur ces placers, on les a même exploités, comme nous allons le voir.

Le seul filon de quartz aurifère en place que l'on ait réellement reconnu, développé et tenté d'exploiter, est celui d'Adieu-Vat. Partout ailleurs, à Saint-Elie, Elysée, etc., il s'agit de quartz provenant de *têtes* de filons décomposés, et dont les débris ont été éparpillés dans les terres rouges de la surface par des effets d'érosion très intenses, dus peut-être à l'action de l'océan.

A Saint-Elie, ces quartz, exploités en **carrière** et

broyés au moyen de deux bocards, chacun de trois
pilons légers, ont rendu :

En 1901-1902, pour 653 1/2^t, 36^{ks},223 d'or, soit 54^{gr} par tonne.
En 1902-1903,   —   876 1/2 , 36 ,083   —   —   41   —

La valeur de cette dernière production était de
111,895 francs.

M. Rémeau, qui avait été directeur d'El Callao au
Venezuela, qui possédait une expérience de vingt-
cinq ans de Guyane et du Venezuela, et qui avait
été l'initiateur de l'exploitation en carrière des
quartz de Saint-Elie, a fait à Adieu-Vat un grand
découvert de 200 mètres de long sur 50 de large à
travers une colline; il en a fait sortir environ
12,000 tonnes de quartz, dont la moitié est encore
sur le carreau : le reste a passé au broyage. Les
terres rouges étaient riches en or,comme cela se
passe toujours lorsque ces terres renferment des
quarts aurifères.

En outre, à Adieu-Vat, à force de faire des re-
cherches dans un sol très difficile, à cause de la végétation exubérante qui le recouvre, on a découvert
l'affleurement d'un filon de quartz. Ce filon a été
développé ensuite par M. Rémeau sur 200 mètres de
longueur et 60 mètres de profondeur, c'est-à-dire
jusqu'à 25 mètres au-dessous du niveau de la rivière
Sinnamary.

Ce filon est encaissé dans une roche dioritique,
tantôt verdâtre, tantôt noirâtre : il est constitué par
une fente d'un mètre de puissance, mais dont le
quart seulement est du minerai. Le filon est incliné

à 70 degrés : au premier niveau, il donne de la pyrite; au second niveau, l'or est associé au tellure et au sulfure de bismuth. Le quartz est gras, parfois un peu bleuté; la diorite n'est pas aurifère. Le tellure et le bismuth obligeront sans doute à recourir aux méthodes de traitement de Coolgardie, dans l'Ouest-Australien.

En 1903, avec une batterie de trois pilons légers, on a broyé 419 tonnes du quartz du niveau supérieur, dont le rendement a été de 61 kil. 450, soit 145 grammes par tonne. Cette production valait 182,376 fr. 35, soit près de 3 francs le gramme, ou 430 francs par tonne.

Ce filon d'Adieu-Vat est donc le seul vrai filon actuel de la Guyane française, et il est encore peu développé en longueur et en profondeur. Mais sa richesse, dans une région rappelant celle du Callao, permet de croire à sa valeur. On doit en trouver d'autres, mais je répète qu'il y a une vraie difficulté à les croiser à travers cet énorme manteau de terres rouges qui recouvre tout le pays. On peut, en attendant, d'ailleurs, exploiter les quartz disséminés et les terres rouges.

Les alignements de ces quartz sont un précieux indice.

Mais même les alignements de criques riches sont un indice de la direction et de la position probable des filons. Il y a, par exemple, à l'Inini, un fait curieux : toutes les criques riches se trouvent sur une ligne nord-sud qui suit parallèlement la chaîne principale de montagnes : il y a donc probablement un riche filon de quartz parallèle à cette ligne. Ces criques ont produit plusieurs milliers de kilogrammes d'or, avec de nombreuses pépites et des quartz très riches.

Il en est de même dans le Haut-Mana, et l'on peut s'attendre raisonnablement à ce que la Guyane française possède un jour des filons de quartz en exploitation : on se mettra sérieusement à leur recherche lorsque les placers, encore maintenant si riches, approcheront de leur épuisement.

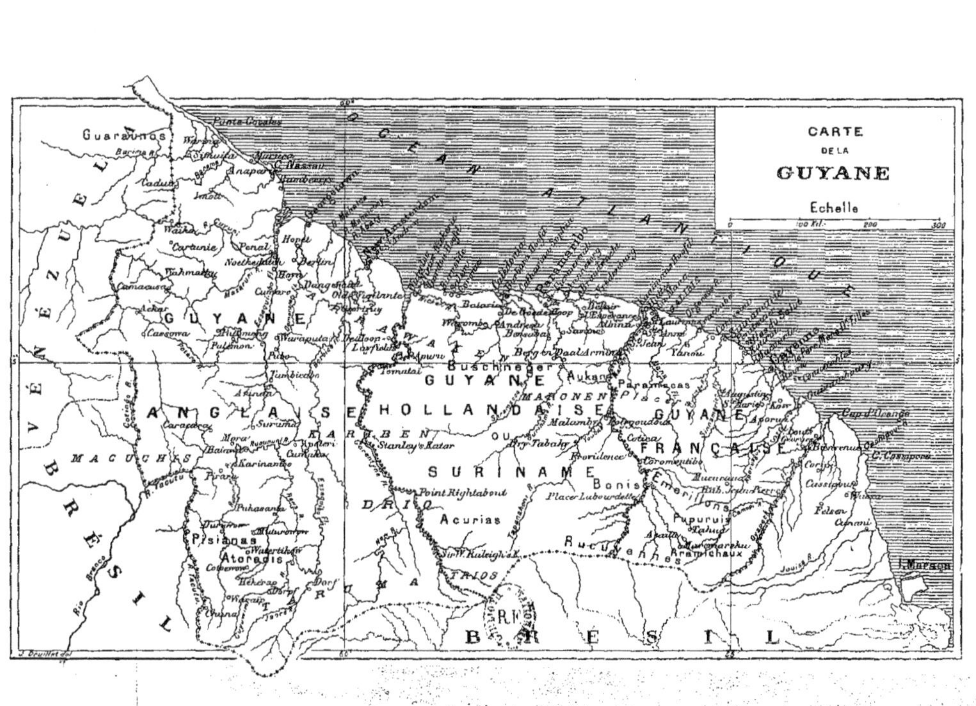

CARTE
DE LA
GUYANE
Echelle
100 Kil.   200   300
OCÉAN ATLANTIQUE
VÉNÉZUELA
GUYANE
BRÉSIL
GUYANE ANGLAISE
GUYANE HOLLANDAISE ou SURINAME
GUYANE FRANÇAISE
MACUCHIS
Guarounos
Punta Cocales
C. Nassau
Nuevo
Anapar
Georgetown
New Amsterdam
Berlin
Cumano
Dangerhoed
Old Vigilante
Batavia
De Goede Hoop
Andreas
Bonasika
Beg en Daal
Armina
Laurens
John
Yanou
Buschnager
Aukan
Paramacas
MARONEN
SURINAME
Malamba
Stanley's Katar
Dry Tabahr
Providence
Coromantibe
Bonis
Point Rightabout
Acurias
Sir W. Raleigh's
TRIOS
Rucuyennes
Aramichaux
Pupuruis
Cap d'Orange
C. Cassipore
J. Maraca
BRÉSIL

TABLE DES MATIÈRES

PARIS. TYP. PLON-NOURRIT ET Cie, 8. RUE GARANCIÈRE. — 7517.

9 782019 923334